O corpo

Dados Internacionais de Catalogação na Publicação (CIP)
(Câmara Brasileira do Livro, SP, Brasil)

Shilling, Chris
    O corpo : uma introdução histórica, social e cultural / Chris Shilling ; tradução de Levindo Pereira. – Petrópolis, RJ : Vozes, 2023.

Título original: The body – A very short introduction
Bibliografia.
ISBN 978-65-5713-901-1

1. Corpo humano – Aspectos sociais I. Título.

23-158695   CDD-306.4

Índices para catálogo sistemático:
1. Corpo humano : Ciências sociais 306.4

Aline Graziele Benitez – Bibliotecária – CRB-1/3129

CHRIS SHILLING

O CORPO

Uma introdução histórica, social e cultural

Tradução de Levindo Pereira

Petrópolis

© Chris Shilling 2016.
Esta obra foi publicada originalmente em inglês no ano de 2016. A presente tradução é publicada mediante acordo com a Oxford University Press. A Editora Vozes é a única responsável por esta tradução e a Oxford University Press não se responsabiliza por qualquer erro, omissão ou informações imprecisas ou ambíguas eventualmente encontradas ou por qualquer perda causada pela confiança nela depositada.

Tradução do original em inglês intitulado *The body – A very short introduction*

Direitos de publicação em língua portuguesa – Brasil.
2023, Editora Vozes Ltda.
Rua Frei Luís, 100
25689-900 Petrópolis, RJ
www.vozes.com.br
Brasil

Todos os direitos reservados. Nenhuma parte desta obra poderá ser reproduzida ou transmitida por qualquer forma e/ou quaisquer meios (eletrônico ou mecânico, incluindo fotocópia e gravação) ou arquivada em qualquer sistema ou banco de dados sem permissão escrita da editora.

CONSELHO EDITORIAL

Diretor
Volney J. Berkenbrock

Editores
Aline dos Santos Carneiro
Edrian Josué Pasini
Marilac Loraine Oleniki
Welder Lancieri Marchini

Conselheiros
Elói Dionísio Piva
Francisco Morás
Gilberto Gonçalves Garcia
Ludovico Garmus
Teobaldo Heidemann

Secretário executivo
Leonardo A.R.T. dos Santos

Diagramação: Raquel Nascimento
Revisão gráfica: Fernando Sergio Olivetti da Rocha
Capa: Ygor Moretti
Ilustração de capa: Fotografia de Liane (@lilianpereir) da Unsplash

ISBN 978-65-5713-901-1 (Brasil)
ISBN 978-0-19-873903-6 (Reino Unido)

Este livro foi composto e impresso pela Editora Vozes Ltda.

Sumário

Prefácio, 7

Agradecimentos, 11

Lista de ilustrações, 12

Introdução, 13

1 Corpos naturais ou corpos sociais?, 21

    Por que o corpo? Fatores sociais, 23

    Por que o corpo? Fatores acadêmicos, 33

    Convergências, 39

    O caráter elusivo dos corpos, 42

2 Corpos sexuados, 44

    Corpos masculinos e femininos na história, 46

    De corpos sexuados a corpos generificados, 52

    Corpos socialmente generificados, 56

    De volta para o futuro?, 60

    Para além de corpos sexuados e generificados?, 62

    Corpos generificados e valores, 67

3 Educando corpos, 69

    Técnicas do corpo, 73

    O treinamento ocupacional da visão, 78

Uma aprendizagem no boxe, 82

Tornando-se religioso, 85

O "conhecido" e o "desconhecido", 88

4 Corpos governados, 93

A ascensão do biopoder, 95

A ênfase medieval na morte, 96

A ênfase moderna na vida, 98

Governança contemporânea, 105

Seguridade e biopolítica, 106

Governando processos da vida, 113

O Estado, a vida e a seguridade, 117

5 Corpos como mercadorias, 120

Marketing da aparência, 122

Medicalizando corpos por lucro, 125

Tráfico de partes do corpo, 130

Corpos escravizados, 133

Resistir à mercadorização, 139

6 Corpos importam: dilemas e controvérsias, 143

Corpos mediados são imorais?, 145

Como as pessoas gerenciam a mudança corporal?, 149

Nossos corpos tornaram-se sagrados?, 156

Corpos expansivos, 159

Referências, 161

Indicações de leitura, 167

Índice, 169

Prefácio

Demonstrei um interesse acadêmico por corpos pela primeira vez quando eu era um estudante de pós-graduação em vias de terminar meu Ph.D., em meados da década de 1980. Minha tese discutia esquemas vocacionais baseados em escolas que buscavam equipar os estudantes com aquelas habilidades e atitudes que, conforme sugeriam os governos, aumentariam sua "empregabilidade". Quanto mais eu pesquisava instituições educacionais, cursos de treinamento e estágios de emprego, mais perplexo eu ficava diante da maior parte da literatura publicada sobre o tema.

Em livros e artigos sobre escolas, por exemplo, indivíduos eram retratados como portadores indistintos de "códigos linguísticos", como cifras de forças de classes sociais que estão além do seu controle e como processadores cognitivos de conhecimento educacional com competências variáveis. Apesar do ruído dos sinos matinais e das interjeições dos professores, dos protestos verbais e do empurra-empurra dos alunos andando depressa em corredores cintilantemente encerados, para não falar dos aromas pungentes exalando da cantina e do ginásio, ninguém parece possuir um *corpo* vivo e senciente. Na maior parte das vezes, essa abordagem "descorporalizada" encontra-se replicada em análises de outras formas de educação e treinamento.

O conhecimento educacional era debatido exaustivamente nesses textos, mas na maior parte do tempo em termos de qualificações acadêmicas, de proposições abstratas a respeito da verdade, de efeitos ideológicos do currículo ou da associação entre as habilidades adquiridas e a reprodução das desigualdades entre classes sociais. Era raro ouvir alguma coisa sobre o papel da educação na propiciação de experiências físicas, hábitos, disciplinas e técnicas úteis aos alunos. Tentativas convincentes de evocar os desafios táteis de trabalhar com materiais heteróclitos ou de mapear a tentativa do novato de "encarar" equipamentos físicos recalcitrantes que teimavam em não se curvar à sua vontade também eram conspicuamente infrequentes. Mais ausente ainda era o senso de que o pensamento e o conhecimento, fossem de *qualquer* tipo, estão envolvidos com e são adquiridos por humanos que, como organismos corporalizados, estão sempre *fisicamente* situados e engajados nos ambientes em que vivem, trabalham e repousam.

Essas análises não estavam isoladas em suas abordagens ao corpo, mas seguia e se amparava em uma longa tradição de investigação teológica e filosófica no Ocidente. E quanto mais eu lia a respeito do tema após ter obtido meu Ph.D., retornando a meu interesse pelo pensamento político e social nos meus primeiros anos de docência na Oxford Polytechnic e depois na Universidade de Southampton, mais ficava claro que havia um leque de textos atravessando a filosofia, a sociologia, a religião e a história que poderiam ser vistos como contribuindo para um campo interdisciplinar que eu chamaria mais tarde de "estudos do corpo".

Desde então, o tema da corporeidade humana como um ponto de partida frutífero a partir do qual explorar um amplo leque de questões candentes para as ciências humanas, as humanidades e as artes, tem me fascinado, e tenho tido a sorte de escrever e ensinar sobre e ao redor do tema. Direcionar o foco para a corporeidade torna possível conectar o pessoal com o político, o intelectual com o prático, o simbólico com o sensório e apreciar o potencial de compartilhamento de experiências e entendimentos que sustentam as diferenças sociais, étnicas, religiosas e culturais que alimentam tantos conflitos globais contemporâneos. Ao mesmo tempo, isso destaca as diferenças fundamentais que separam pessoas cujos sentidos, sentimentos e ações têm sido sujeitos a formas radicalmente diferentes de pedagogia corporalizada desde o nascimento, e a natureza problemática de teorias para as quais situações de "diálogo racional" ou "ideais de fala" são por si mesmas capazes de resolver conflitos.

A gama praticamente ilimitada de questões levantadas pela corporeidade, e o caráter inteiramente interdisciplinar dos estudos do corpo apresentam um desafio particular quando se trata de escrever uma introdução. É impossível ser abrangente, e foi preciso omitir uma série de questões importantes para manter o texto conforme os constrangimentos do formato. Apesar disso, tentei transmitir a sensação empolgante desse escopo e destacar sua importância para a compreensão do que está acontecendo no mundo hoje. Ao fazê-lo, organizei minha discussão em torno de vários temas centrais – definidos na Introdução – que informam cada capítulo e são destinados a dar coerência à gama de temas corporais discutidos ao longo deste livro. Minha esperança é que isso tenha resultado em um tratamento de corporeidade que será de interesse para o leitor leigo e que também proporcione uma "atualização" clara e acessível da importância do corpo para aqueles que já têm algum conhecimento básico do campo.

Agradecimentos

Esta pode bem ser uma introdução, mas ao escrevê-la fui acumulando uma série de dívidas. Gostaria de agradecer a Andrea Keegan e Jenny Nugee da editora da Universidade de Oxford pelo seu encorajamento e eficiência, a Larry Ray e Vince Miller pelos comentários a capítulos individuais, e aos leitores anônimos por seu envolvimento detalhista com o manuscrito. Muito obrigado a Philip A. Mellor pelos seus conselhos, bom-senso e camaradagem, e a Leif Östman e colegas do projeto Conhecimento Corporalizado sediado na Universidade de Uppsala por seu caloroso coleguismo. De maneira mais geral, Sarah Vickerstaff e o restante dos meus colegas da Universidade de Kent proporcionaram um ambiente propício de trabalho, e também devo muito a Kalli Glezakou e sua equipe no gabinete da Pós-graduação. Mais próximo de casa, ou melhor, em casa, Debbie, Max e Kate foram tão gentis em seus retornos e sugestões a vários capítulos, e muito além disso. Este livro é dedicado a eles.

LISTA DE ILUSTRAÇÕES

Figura 1 Uma fisiculturista (Freepik), 30

Figura 2 Pessoa tatuada (Pixabay), 31

Figura 3 Feminilidade performativa (Wikimedia Commons), 63

Figura 4 Pessoa transgênero (Wikimedia Commons), 65

Figura 5 Esportes na escola (Flickr), 71

Figura 6 O enforcamento de Haman (Wikimedia Commons), 97

Figura 7 O panóptico de Bentham (Wikimedia Commons), 100

Figura 8 As linhas de produção podem facilitar a vigilância dos trabalhadores (Wikimedia Commons), 102

Figura 9 A mercadorização do sexo (Wikimedia Commons), 138

Figura 10 O vestuário é, para muitos, um aspecto constitutivo da identidade religiosa (Wikimedia Commons), 154

Introdução

O tema do corpo raramente está fora das pautas, e ocupa um lugar de destaque na agenda de políticos, cientistas, especialistas em saúde, educadores, moralistas e autoridades religiosas. Seja a *performance* esportiva nacional e a "epidemia de obesidade", as desigualdades globais nas taxas de morbidade e de mortalidade e o vestuário religioso "estranho", seja os últimos meios tecnológicos de suplementar nossas capacidades por meio de próteses, mídia digital e implantes neurais, questões em torno da corporeidade humana são frequentemente objeto de debate e discórdia.

A variedade de interesses e agendas associada a tais controvérsias sugere que compreender o sentido e a importância social da corporeidade exige que nós nos desloquemos para muito além dos parâmetros da fisiologia ou de outros ramos das ciências biológicas. Essa tarefa tem informado cada vez mais as agendas das ciências sociais e das humanidades ao longo das últimas três décadas, e o objetivo deste livro é dar sentido às diversas formas de análise do corpo durante esse período e, ao mesmo tempo, explorar algumas das mais importantes questões corporais enfrentadas atualmente pela sociedade.

Isso não quer dizer que o corpo tenha se tornado apenas recentemente um assunto de importância social e cultural. Na Grécia antiga, por exemplo, filósofos dedicavam uma atenção constante à relação entre o corpo e a mente, e as representações artísticas da perfeição física daquela época continuam a influenciar as concepções contemporâneas do "corpo belo". De modo mais geral, formas de modificação corporal como a tatuagem, a escarificação e a cirurgia plástica não só possuem uma longa história como também levantaram no passado questões sociais relativas à etnia, classe e gênero que permanecem relevantes e controversas ainda hoje.

O desenvolvimento e a popularidade de certos procedimentos cirúrgicos cosméticos, por exemplo, têm sido profundamente informados pela existência de desigualdades de poder entre diferentes grupos. No fim do século XIX, John Roe desenvolveu operações intranasais destinadas a corrigir o "nariz de pug", uma característica estigmatizada por sua associação com imigrantes irlandeses de classe inferior. Nas primeiras décadas do século XX, outro pioneiro da rinoplastia moderna, Jacques Joseph, desenvolveu e realizou procedimentos em judeus alemães que os ajudaram a se tornar facialmente "invisíveis em termos étnicos". Após a Segunda Guerra Mundial, a "cirurgia das pálpebras duplas" ganhou popularidade entre chineses, coreanos, japoneses e americanos asiáticos que desejavam parecer mais ocidentais, e no Rio de Janeiro a redução dos seios estava ligada ao desejo de evitar a associação entre "seios pendentes" e as mulheres negras das classes trabalhadoras (uma imagem associada à escravização). Em cada um desses casos as questões corporais sublinham a mutabilidade do eu físico, mas também nos conectam a uma série de questões sociais e históricas.

Se o corpo é "bom para pensar", ele nem sempre tem sido visto como peça central do que nos torna seres humanos ou sociais. Em contraste com várias tradições orientais de pensamento e prática, como o confucionismo e o taoismo, a abordagem ocidental dominante em filosofia tem se inclinado a relegar sua importância. Poucos foram mais influentes nesse aspecto do que o filósofo seiscentista René Descartes. Famoso por sua máxima "penso, logo existo", Descartes supôs uma acentuada distinção entre a mente, por um lado, e os sentidos do corpo, por outro, priorizando a primeira em detrimento do segundo em sua apreciação sobre o que é o humano. O próprio pensamento de Descartes pode ser situado em uma tradição de concepções judaico-cristãs do indivíduo como "ser dual", irrevogavelmente dividido entre corpo e mente/alma. No entanto, seu foco na mente isolada como um gerador de ideias – encapsulada no interior do indivíduo e separada do mundo "exterior" – não era a única abordagem disponível.

No que tem sido chamado de "história marginalizada" de escritos relevantes sobre o corpo em filosofia, por exemplo, diversas contribuições são consideradas particularmente importantes. Friedrich Nietzsche salientou que os valores ocidentais implicam a sublimação da intoxicação, sexualidade e violência – experiências diretamente ligadas a sentimentos e expressões corporais. Maurice Merleau-Ponty identificou o corpo como nosso veículo no mundo e ponto de vista sobre o mundo, os nossos sentidos "desdobrando-se" sobre seu entorno. Para John Dewey, ciclos de hábito, crise e criatividade informam a relação entre sujeitos corporalizados e seu ambiente. Mais recentemente, o controverso filósofo francês Michel Foucault procurou mostrar como formas distintas de saber e poder historicamente têm permeado o corpo das pessoas.

Mas a importância do corpo vai além de formulações filosóficas abstratas, independentemente de quão provocativas ou impressionantes possam ser. Nossa existência corporalizada pode ser vista de forma mais geral como uma base a partir da qual se pode elaborar uma aproximação empírica, porém distintiva, à análise da sociedade, identidade, cultura e história. Em seu nível mais elementar, isso envolve reconhecer que a capacidade das pessoas de fazer a diferença em sua própria vida e na dos outros depende de elas serem, possuírem e usarem seus corpos para intervir no "fluxo" da vida social. Similarmente, a capacidade das autoridades governamentais e outras para dirigir nossas ações e administrar as populações depende de sua capacidade de reunir conhecimento sobre nossos movimentos físicos e exercer controle sobre eles. Os corpos, em suma, são importantes matérias práticas, assim como intelectuais.

Procurando desenvolver e destacar a utilidade de tal abordagem, irei me concentrar neste livro em um número limitado de questões corporais que me permitirão demonstrar claramente a importância de uma perspectiva corporalizada sobre o mundo em que vivemos. Após explorar a emergência e os parâmetros dessa área interdisciplinar de estudo (uma área associada a uma certa convergência entre as ciências sociais e as ciências biológicas), dedicarei os demais capítulos aos "corpos sexuados", aos "corpos governados", aos "corpos educados" e aos "corpos como mercadorias". Cada um desses tópicos envolve uma série de questões contrastantes, mas também compartilham três temas comuns que informam e encaminham os principais argumentos deste livro, tornando-se o foco ostensivo do capítulo conclusivo.

O primeiro desses temas diz respeito à importância das forças sociais e tecnológicas para a constituição e o desenvolvimento do que é frequentemente entendido como sendo a configuração biológica de nosso ser corporalizado. Variáveis sociais como a desigualdade de renda afetam os indicadores de doenças e de expectativa de vida, por exemplo, enquanto a ciência, a tecnologia e a medicina têm demonstrado que o corpo e o cérebro (ele próprio parte integrante de nosso ser corporalizado) podem ser investigados, gerenciados e alterados de várias maneiras. Contra esse pano de fundo, torna-se cada vez mais evidente que a sociedade, no sentido mais amplo do termo, influencia nosso ser físico nos níveis mais profundos, e que é difícil desatar o social dos processos biológicos que afetam o que e quem somos.

O segundo tema emerge diretamente do reconhecimento de que a sociedade é importante para nosso ser corpóreo. Se as forças sociais, tecnológicas e médicas tornam possível exercer um controle crescente sobre os corpos, minando a ideia de que eles são organismos biológicos inalteráveis, isso levanta questões e dilemas sobre *como* devemos gerenciar e controlar nosso ser corpóreo. Os transplantes, as fertilizações *in vitro*, a cirurgia para perda de peso, a engenharia genética e a perspectiva de que *kits* de testes de DNA pressagiam uma nova era de medicina personalizada sugerem que o corpo está, para os mais ricos, se tornando uma questão de *opções* e *escolhas*. Entretanto, a capacidade técnica de transformar o corpo em muitos casos excede as estruturas morais existentes que prescrevem o que é "natural" no corpo. Tais desenvolvimentos suscitam questões sobre o que é o corpo e o que pode um corpo fazer, lançando dúvidas sobre as suposições tradicionais e sobre os limites e capacidades dos sujeitos corporalizados.

Em meio a essas dúvidas e alternativas, muitas pessoas têm se tornado cada vez mais *reflexivas* a respeito de seu eu físico. O que quero dizer com isso é que a quantidade de oportunidades para transformações corporalizadas existentes na época atual encoraja com frequência os indivíduos a pensar sobre suas rotinas e ações, competências e aparências físicas prévias, em vez de apenas continuar aceitando-as e vivendo conforme o hábito. Esses pensamentos ou reflexões conscientes implicam não apenas avaliar o estado e as capacidades prévias de nosso ser corpóreo, mas também projetar no futuro possíveis versões de nós mesmos, reformados a partir de novos compromissos. O reconhecimento da importância de tal pensamento reflexivo não é uma sugestão de que os pensamentos mentais estejam de alguma forma separados do ser corpóreo. Ao contrário, reconhece-se que os hábitos físicos tradicionais e as formas de conhecer o corpo estão sujeitos a níveis crescentes de reavaliação e reapreciação à luz dos desenvolvimentos atuais.

O terceiro tema que informa os últimos capítulos do livro se concentra sobre as maneiras muito diferentes de visões particulares sobre o corpo atribuírem valor ao eu físico. Desde as origens da escravização, os corpos das pessoas têm sido valorizados como mercadorias, como recursos capazes de criar riqueza para seus donos. A importância atual do tráfico de pessoas, do trabalho forçado e do comércio sexual sugere que essa concepção do valor do corpo permanece globalmente significativa. As tentativas governamentais de cultivar o corpo por meio da educação e treinamento podem, em contraste, buscar agregar valor aos indivíduos corporalizados ao aumentar suas capacidades de se engajar em atividades particulares e perseguir objetivos específicos. Contemporaneamente, tem havido, de fato, uma proliferação das formas de valorização e valoração, ou mesmo de sacralização dos corpos. Elas vão desde concepções do corpo estimado por causa de sua capacidade de agir como veículo do lucro até visões religiosas de formas de oração, vestuário, dieta e outras práticas corporais divinamente sancionadas.

Gostaria de concluir esta Introdução com uma observação sobre a terminologia. Ao escrever sobre "corpos", utilizo este termo sobretudo como uma abreviação de humano corporalizado *como um todo* indiviso. Isso serve para sublinhar as dimensões orgânicas e físicas da existência que são com frequência negligenciadas academicamente e para mostrar como elas têm uma importância central para as relações, ações e identidades das pessoas. No que segue, "o corpo" às vezes também se refere de forma mais restrita à carne física, objeto de reflexão de indivíduos corporalizados quando estão pensando ou falando sobre questões como a aparência, e eu deixarei claro quando for o caso. Independentemente da terminologia específica usada para falar sobre questões corporais ao longo do livro, meu objetivo é demonstrar a necessidade de compreender os humanos como seres corporalizados se a intenção for avançar nosso entendimento do mundo social e material no qual vivemos e do qual dependemos.

1
CORPOS NATURAIS OU CORPOS SOCIAIS?

Um dos principais temas que informam este livro remete à necessidade de demonstrar como os fatores sociais são importantes para a constituição e desenvolvimento de nosso ser corporalizado. Mas nem todos devem estar convencidos de que se trata de um empreendimento viável. O corpo humano ainda é considerado por alguns como sendo uma entidade exclusivamente biológica. Dessa perspectiva, nossa longevidade, morbidade, tamanho e aparência são determinados por fatores genéticos – eles próprios produtos de processos evolutivos de longa duração – que tornam insignificante a influência da sociedade.

Desde a década de 1980, entretanto, surgiu, a partir das ciências sociais e humanas, uma ampla área interdisciplinar de pesquisa e escrita conhecida como "estudos do corpo". Esse campo acadêmico aborda uma grande variedade de questões sociais e culturais vistas como relevantes para o caráter inescapavelmente corpóreo da existência humana.

Elas vão desde a manutenção das identidades coletivas entre os membros de sociedades tradicionais pela tatuagem e escarificação da carne dos iniciados em ritos religiosos até transformações históricas das crenças sobre a constituição e limitações dos corpos de homens e mulheres. Essas questões abarcam ainda temas como o impacto da dieta e do trabalho sobre a saúde das pessoas e o amplo significado do corpo como um "símbolo natural", que ajuda as pessoas a pensar, classificar e até mesmo se envolver em práticas discriminatórias baseadas em marcadores físicos associados à etnia, "raça", idade, sexo e deficiência.

Embora essas questões sejam diversas, cada uma delas revela como as aparências, capacidades e experiências físicas dos seres humanos portam a marca dos modos social e culturalmente específicos de se viver e de se envolver com o ambiente mais amplo. Elas também destacam a importância do corpo para uma gama de disciplinas acadêmicas convencionalmente consideradas detentoras de objetos e de métodos muito diferentes dos associados às ciências biológicas.

Se quisermos entender como o corpo se tornou um tema viável e comum nas ciências sociais e humanas, precisamos explorar o contexto em torno desse acontecimento. Isso incluiu uma série de desenvolvimentos sociais e históricos – envolvendo, por exemplo, campanhas feministas e ambientais, desenvolvimentos médicos e tecnológicos, a ascensão da cultura de consumo – que tornaram mais visível o corpo como uma questão acadêmica geral. Igualmente relevante foi a disponibilidade de certos cientistas sociais e biológicos para refletir, expandir e procurar melhorar suas próprias análises ao levar a sério um assunto antes ignorado.

Por que o corpo? Fatores sociais

Diversos fatores sociais e históricos prepararam o terreno para o crescente interesse interdisciplinar pelo corpo como questão acadêmica durante as décadas de 1980 e 1990. Cada um destacou diferentes aspectos da importância do corpo para a sociedade, aumentando o escopo do que poderia ser considerado matéria corporal para os acadêmicos. Seis deles foram especialmente influentes.

Primeiro, a ressurgência da "segunda onda" do feminismo nos anos 1960 e 1970 tornou políticas questões corporais antes pessoais, relacionadas ao aborto, ao estupro, à pornografia, à prostituição e às desigualdades de acesso à saúde, todas elas contrárias aos interesses das mulheres. As marchas pela "recuperação da noite" [*reclaim the night*] durante a década de 1970, por exemplo, protestavam contra a violência física e sexual a que as mulheres estavam expostas por simplesmente frequentar lugares públicos em uma época em que a sociedade esperava que estivessem dentro de casa, cumprindo seus papéis "autorizados" de esposa, mãe ou filha. Nesse caso, como em muitos outros relacionados a desigualdades sexuais, "raciais" e outras exploradas neste livro, o corpo proporciona uma conexão entre as restrições e os riscos sentidos pelos indivíduos e a posição social mais ampla de determinados grupos.

Segundo fator – o crescimento do radicalismo político, dos "estilos de vida alternativos" e das preocupações ecológicas na América do Norte e na Europa durante esse mesmo período destacaram marcadamente a importância da relação entre o corpo humano e o ambiente mais amplo. Os críticos de esquerda e o movimento contrário à Guerra do Vietnã condenaram a cultura de consumo, os conflitos militares e a corrida armamentista em parte porque, segundo eles, reduziam a vida humana a uma busca "unidimensional" de riqueza e dominação. A acusação nesse caso era a de que tanto os indivíduos corporalizados quanto o ambiente natural estavam sendo tratados pelas sociedades militares-industriais como meios descartáveis para fins mesquinhos, instrumentais e destrutivos.

As preocupações com a sustentabilidade ambiental evidentes nessas críticas receberam um novo ímpeto com o relatório *Limits to growth* realizado pelo Clube de Roma em 1972. Esse *think tank* global chamava a atenção para os perigos da vida futura sobre a Terra, salientando o crescimento populacional, a produção de alimentos, a poluição e o consumo industrial de recursos naturais não renováveis. Desde então, os problemas associados à mudança climática, erosão dos solos e desflorestamento, lixo nuclear, exaustão dos combustíveis fósseis e escassez de alimentos têm estado na linha de frente das advertências feitas pelos movimentos ecológicos de que o planeta está sendo usado como mero recurso para a produtividade, levantando dúvidas sobre sua capacidade a longo prazo de sustentar a vida corporalizada de humanos ou outros animais.

O terceiro fator que estimulou o interesse acadêmico pelo corpo passa pelo "envelhecimento" das sociedades do Norte global, bem como de certas áreas do Sul global. Os avanços médicos, juntamente com a disseminação e melhoria das comodidades básicas, elevaram a expectativa de vida de muitos, e a previsão das Nações Unidas é a de que a população mundial acima dos 60 anos de idade pode dobrar (de 10% para 21%) entre 2000 e 2050. Mas viver mais na velhice significa com frequência ter que viver mais anos com problemas de saúde crônicos. Trata-se de uma questão política cada vez mais importante desde a crise financeira de 2007, na qual o "fardo" de cuidar de um número crescente de pessoas idosas, juntamente com o alto nível de desemprego de jovens na Europa e em outras regiões, têm sido associados à possibilidade de um conflito geracional pela distribuição de recursos.

O aumento dos números de corpos envelhecidos também estimulou o interesse pela relação entre cultura e corporeidade, uma vez que o processo de envelhecimento e de tornar-se dependente foi estigmatizado nas regiões economicamente mais influentes do mundo. Filmes, mídia e publicidade anglo-americanos valorizam o corpo magro, *sexy*, jovem e *independente*. Ao mesmo tempo, aqueles que não se encaixam nessa imagem idealizada têm a oportunidade de "se salvarem" e de "renascerem" ao refletir sobre suas limitações e embarcar em opções cosméticas, calistênicas e cirúrgicas necessárias para desafiar a aparência da idade e buscar o prêmio da "juventude eterna" e da autonomia pessoal. Aqueles que se recusam ou não conseguem ter sucesso nesse desafio de manter seus corpos em uma forma socialmente valorizada correm o risco de serem acusados de terem se tornado um fardo para a sociedade (uma das preocupações levantadas pelos oponentes da eutanásia). Mais uma vez, são os corpos que se tornam o meio no qual as relações sociais são construídas.

O quarto fator que aumentou a visibilidade social do corpo está relacionado a uma mudança estrutural no capitalismo avançado a partir da segunda metade do século XX. Em vez da mentalidade de "poupar e investir" promovida pelos governos que buscavam estimular o crescimento econômico em décadas anteriores, o desenvolvimento da cultura do consumo naquele período encorajou os indivíduos a adquirir *status* por meio da compra de bens materiais. Isso foi associado ao corpo se tornando um "objeto de exibição" na mídia e na publicidade por meio de representações comerciais focadas inicialmente em mulheres, mas se estendendo aos homens por meio de invenções culturais como o homem "metrossexual" da década de 1990. Os corpos agora se tornaram um meio onipresente pelo qual produtos são vendidos e a estima, adquirida: eles tiveram seu valor aumentado dentro das sociedades capitalistas, seja como meios de incrementar a rentabilidade dos produtores, seja como potenciais símbolos de *status* para muitos consumidores.

Em certos aspectos, essas mudanças ecoam tendências do século XIX, período em que a aparência começou a ser vista mais como uma manifestação maleável da personalidade do que como um marcador fixo da posição social. Durante esse período, mais indivíduos começaram a se sentir responsáveis pela forma como se apresentavam em público (antes disso, a responsabilidade pública pela apresentação de si recaía sobre uma elite aristocrática, muitas vezes submetida a leis suntuárias sobre o que podiam ou não vestir), mas a contrapartida disso era a preocupação de que os deslizes, as falhas e os constrangimentos corporais podiam ser vistos como faltas pessoais. A importância dessa nova ênfase no corpo como personalidade cresceu durante o século XX – e os trabalhos do sociólogo norte-americano Erving Goffman são um exemplo disso. Comparando a vida social com estar "no palco" durante uma *performance* teatral, Goffman explorou como a "apresentação de si" exigia uma reflexão cuidadosa e gerenciamento da aparência, do comportamento e da fala quando em interação social. Essa "gestão das impressões" foi fundamental não apenas para o desempenho eficaz de papéis sociais, mas também para exibir uma identidade própria moralmente aceitável. Já contrariar as regras tácitas de interação ou aparência pode resultar em estigmatização; um destino derivado dos preconceitos dos outros que os portadores de deficiência lutam para escapar. Corpos não eram tratados igualmente, uma vez que poderiam ou não ser marcadores de valor social.

Quinto fator: intensificou-se o escrutínio de corpos "estrangeiros" após o ataque de 11 de setembro às Torres Gêmeas e a declaração de "guerra ao terror" pelo Governo Bush. Esses eventos aumentaram as preocupações já existentes com a imigração ilegal e os perigos representados por homens--bomba e terroristas em geral. Os Estados Unidos e outras nações responderam com um controle ainda mais rígido do uso de passaportes, carteiras de identidade, impressão ocular e digital, dispositivos de reconhecimento de voz e coleta de outros dados biométricos. Nesse contexto, os corpos foram objeto de escrutínio por meio de imagens e dados que eram deles extraídos como parte dos esforços de prevenção contra a entrada de pessoas não autorizadas em estados-nação. A vigilância de corpos legitimamente existentes dentro de espaços ocupados por estados-nação também se tornou mais comum. O monitoramento secreto de movimentos físicos, conversas telefônicas e os traços de nossas vidas corpóreas deixados no rastro das novas mídias sociais, das atividades online e das transações com cartões de crédito tornou-se uma característica fundamental de sociedades aparentemente democráticas.

O sexto fator indutor do aumento do interesse acadêmico pelo corpo são as transformações tecnológicas e científicas, que facilitaram de forma inédita o controle sobre a moldagem e remoldagem dos corpos. Do surgimento de uma literatura sobre nutrição no século XIX à "gestão científica" da produtividade que atingiu seu ápice no início do século XX e aos avanços contemporâneos das cirurgias plásticas e de transplante, nossa capacidade de intervir no corpo nunca foi tão grande. Se tais desenvolvimentos ofereciam o potencial para atingir níveis mais altos de controle sobre corpos, eles também embotaram as fronteiras entre corpos e tecnologia, reduzindo nossa certeza sobre o que é "natural" no corpo. Foi essa incerteza e as respostas a ela evidentes nas ações de indivíduos que deram um novo ímpeto no crescimento dos estudos do corpo.

Modificações corporais visando ao controle e à transformação pessoais não é algo novo, evidentemente. Os primeiros cristãos participavam de rígidos regimes de disciplina física idealizados para despi-los de antigos hábitos, anteriores ao "renascimento" da alma e do corpo por meio do batismo. Cirurgias plásticas são até mais antigas, havendo relatos de reconstrução facial em pessoas vivas em textos sânscritos da Índia antiga. A alteração corporal tornou-se, todavia, mais extensiva e individualizada, com critérios muito voláteis quanto à idealização ou normalidade físicas, encorajando as pessoas a serem cada vez mais reflexivas sobre o modo como manejam as várias dimensões de seu eu orgânico. No Ocidente afluente, em particular, esses desdobramentos levaram a conceber e a tratar o corpo como um *projeto*, uma "matéria-prima" a ser trabalhada como uma expressão integral da identidade de si (cf. fig. 1).

Figura 1 – Mulheres fisiculturistas oferece-nos ilustrações de projetos corporais que podem desafiar normas de gênero convencionais.

A individualização da identidade de si corporal pode ser exemplificada pelo *status* cambiante das práticas de tatuagem. Vista em sociedades tradicionais como um marcador de pertencimento coletivo, a tatuagem tornou-se cada vez mais um meio pelo qual as pessoas expressam seu senso de *individualidade*. Criando *designs* únicos e pessoais, em conjunção com artistas tatuadores, e utilizando-os às vezes para comemorar grandes alianças e lealdades ou eventos (por exemplo, inscrever na pele os nomes de entes queridos falecidos, ou utilizar as cinzas desses mortos na tinta empregada nas imagens), as tatuagens se tornaram um meio para expressar e estabilizar elementos da individualidade face um mundo em que as modas parecem mudar constantemente (cf. fig. 2).

Figura 2 – A tatuagem oferece um meio estável para "escrever a identidade" sobre o eu?

Outros projetos corporais comuns podem ser vistos nas áreas da saúde e da boa forma (em que o esforço para *parecer* saudável tornou-se para muitos o equivalente de *estar* saudável), dietas e cirurgia plástica. Em 2013, apenas nos Estados Unidos, mais de 12 bilhões de dólares foram gastos em procedimentos cosméticos cirúrgicos e não cirúrgicos. Lipoaspiração e aumento dos seios foram os mais populares (com 363.912 e 313.327 operações, respectivamente), sendo o aumento das nádegas e a labioplastia os procedimentos com crescimento mais rápido (a última em particular mostra que existem agora poucas áreas da carne nas quais as pessoas não estariam preparadas para pensar em intervir).

A ressurgência em muitas partes do mundo de modos religiosos de vestuário, de alimentação e de outros aspectos da gestão do corpo parece qualificar essa imagem de projetos corporais individualizados. No entanto, uma série de estudos acadêmicos, reportagens jornalísticas e blogs sugerem que muitos indivíduos estão *escolhendo* continuar com ou se converter a esses estilos de vida sabendo perfeitamente (pela mídia social, televisão via satélite e outros canais globais de comunicação) que existem alternativas relevantes. O que outrora era seguido como consequência do hábito e tendo a tradição como referência é agora cada vez mais buscado pela reflexão pessoal, da ponderação das alternativas e da afirmação das escolhas individuais centradas na gestão e controle do eu corporalizado.

Esses seis desenvolvimentos sociais, culturais e tecnológicos colocaram em relevo a importância do corpo para os acadêmicos – e sua diversidade mesma ajuda a explicar por que o campo de estudo é ele próprio tão diverso. Cada um concentrou-se em diferentes dimensões do corpo, avaliando como valorosos elementos muito diferentes da existência corporalizada. Mas esses processos sozinhos não nos permitem explicar completamente por que muitos estudiosos das ciências sociais e humanidades se envolveram com matérias tradicionalmente vistas como pertencentes à província das ciências biológicas. Compreender isso requer de nós a apreciação de que certas mudanças tanto nas ciências sociais quanto nas biológicas prepararam terreno para uma convergência parcial de interesses em torno do corpo tanto como um fenômeno orgânico quanto cultural.

Por que o corpo? Fatores acadêmicos

O cientista social Ted Benton propôs em uma série de publicações ao longo da década de 1990 que a sociologia e as ciências sociais só poderiam compreender adequadamente as ações, identidades e relações das pessoas se explorassem o modo como estas são informadas pela nossa compleição física e entorno ecológico. A biologia importava para indivíduos e para a sociedade porque a evolução dos primatas superiores proporcionou diferentes bases físicas e neurológicas sobre as quais as relações sociais puderam ser estabelecidas, o que, por sua vez, proporcionou parte do contexto para adaptações ao ambiente e futuros desenvolvimentos evolutivos. O desenvolvimento do bipedalismo e avanços correlatos no uso de ferramentas e nas práticas venatórias tribais, por exemplo, moldaram o corpo em geral e a mão em particular. Tais transformações foram importantes para estimular desenvolvimentos cerebrais, capacitando as pessoas a aperfeiçoar suas habilidades, a se especializar em determinadas tarefas, e forneceu uma plataforma para o desenvolvimento de relações cada vez mais complexas entre pessoas.

Assim, se as mudanças físicas e neurológicas podem ser vistas inicialmente como muito distantes das preocupações dos interessados em questões sociais, elas na verdade proporcionam um contexto corporalizado para a cultura moderna. É só por sermos capazes de ficar de pé e de desenvolver uma destreza manual orientados por nossos poderes mentais de reflexão e julgamento que desenvolvemos as artes e as técnicas características da vida contemporânea. Ademais, nossos corpos nos proporcionam meios de interagir com outras pessoas e ao mesmo tempo colocam constrangimentos sobre os modos como essa interação ocorre. Nossas interações físicas com os outros são estruturadas em torno da capacidade de revezar enquanto nos comunicamos com os outros e dependem da aceitação da vulnerabilidade que acompanha o "abrir-se" aos outros. Essas interações são, em outras palavras, *inter--corpóreas* – reunidas por nossa corporeidade mútua – e até mesmo as comunicações "virtuais" facilitadas pela internet e pelas novas mídias sociais dependem de nossas capacidades motoras e habilidades sensórias de utilizar essas tecnologias. Finalmente, nossos corpos também informam as metáforas com que costumamos imaginar, compreender e classificar o mundo à nossa volta: as ideias de estar "cheio" de alguém, de se sentir "vazio" emocionalmente e de não ser capaz de estar completamente em dois lugares ao mesmo tempo são todas relacionadas a experiências e estados somáticos.

A importância dos fatores biológicos orgânicos para as identidades e capacidades das pessoas não concerne apenas à espécie humana em geral, mas também se evidencia ao longo da vida do indivíduo. À medida que o corpo se desenvolve do nascimento e infância, da puberdade e adolescência até a meia e terceira idades, ele provê aos indivíduos fundações contrastantes sobre as quais interagem com os outros. A saúde e a força de nossos órgãos e sentidos vitais são inevitavelmente afetadas pelos processos de envelhecimento – apesar das muitas maneiras nas quais eles podem ser aperfeiçoados tecnologicamente por meio de visores, fones e outros dispositivos – e tais fatores podem impactar o senso de identidade de si do indivíduo e sua dependência dos outros. No Reino Unido, por exemplo, aproximadamente 35% das pessoas com mais de 80 anos de idade sofrem de uma severa perda de visão; com a degeneração macular e outras enfermidades exigindo mudanças significativas no estilo de vida. Ignorar tais fatores equivaleria a negligenciar questões biológicas que impactam inelutavelmente a autonomia dos indivíduos para agir e viver conforme seus desejos e vontades.

O argumento de Benton sobre as ciências biológicas não pretende apenas sugerir que a ciência social permanecerá limitada até que ela leve em consideração a importância de nossa existência física para a vida social. Numa chave mais positiva, ele também destaca que os estudos sociais podem adicionar valor a seu escopo e sua capacidade analítica ao explorar o terreno acadêmico, geralmente evitado. O caso da bioarqueologia, o estudo de vestígios biológicos em sítios arqueológicos, ilustra bem esse terreno.

Ao revelar detalhes das vidas dos indivíduos a partir de vestígios ósseos, a bioarqueologia estendeu nosso conhecimento de questões sociais como a desigualdade de gênero, a migração e as consequências dos conflitos e opressões políticas. Cientistas trabalhando nesse campo mostraram que a composição química dos ossos revela grandes diferenças entre as dietas de homens e de mulheres, por exemplo, e pode lançar nova luz sobre os padrões de mobilidade geográfica. Como a bioarqueóloga Rebecca Gowland e o antropólogo forense Tim Thompson mostraram, a pesquisa também revelou que vestígios ósseos em cemitérios de escravizados no Caribe e na América do Norte evidenciam o trauma associado ao péssimo tratamento, dieta e condição de vida pobres e trabalhos pesados. Ainda mais impressionante é a capacidade da bioarqueologia de mostrar como eventos políticos – como a fome holandesa de 1944-1945, período no qual a Alemanha interrompeu o fornecimento de alimentos para os Países Baixos – afetam a saúde daqueles ainda *in utero*. Achados como esses fornecem motivos convincentes que explicam o número crescente de cientistas sociais que vieram a se envolver com aquelas dimensões das ciências biológicas que têm potencial de demonstrar a importância dos eventos e relações políticas, culturais e sociais.

O movimento interno às ciências sociais não foi o único elemento que preparou o terreno para a convergência parcial de interesses em torno de questões relativas à corporeidade humana. Desdobramentos recentes nas ciências biológicas promoveram uma concepção fluida e dinâmica do cérebro, da genética, do desenvolvimento e da evolução humana. Isso incrementou a sensibilidade dessas ciências não apenas para interações que ocorrem no *interior* do organismo, mas também àquelas que existem *entre* o organismo humano e seu ambiente social.

Essa sensibilidade manifesta-se de diversas formas. Para começar, concepções simplistas da evolução baseada no "gene egoísta" – a ideia de que o comportamento humano é controlado por uma configuração genética engendrada exclusivamente para assegurar a "sobrevivência do mais apto" – foram contestadas por abordagens mais nuançadas, que provêm espaço para comportamentos altruístas e outros tipos pró-sociais de comportamento. Essas abordagens científicas alternativas instigaram teóricos culturais como a estudiosa feminista Elizabeth Grosz a retornar aos textos originais de Darwin, destacando como os processos relacionados à atração sexual, por exemplo, fornecem a base para uma esfera da cultura relativamente independente da questão da sobrevivência. Nesses casos, padrões sociais e culturais se tornam importantes para o comportamento social e para a reprodução humana – um reconhecimento que permitiu que analistas aperfeiçoassem as abordagens unidimensionais anteriores sobre o que motiva a ação e a interação corporalizadas.

Num registro similar, o campo da epigenética (o estudo sobre as transformações nas expressões dos genes) demonstrou a importância dos fatores sociais e ambientais para a regulação dos genes. Doenças e padrões de crescimento físico e de obesidade, por exemplo, são agora remetidos não ao funcionamento de genes isolados, mas a condições múltiplas que incluem interações entre indivíduos e seus entornos sociais e materiais. As descobertas epigenéticas relacionadas à fome holandesa mencionada neste capítulo, por exemplo, sugere que ações políticas que vieram a causar restrições na alimentação podem afetar a segunda geração de descendentes (óvulos desenvolvidos em mães do futuro enquanto existem como fetos em mães do presente). Mais uma vez, processos biológicos e sociais revelam ser fenômenos inextricavelmente relacionados em vez de fenômenos separados: a restrição alimentar socialmente determinada de uma geração pode, de forma notável, afetar padrões de morbidade e de mortalidade entre os netos dos afetados.

Essa visão dinâmica da condição aberta de nosso ser orgânico à influência social é compartilhada pela vanguarda da neurociência. Aqui, o corpo é considerado como o fundamento para a mente: os múltiplos receptores físicos (a retina, a cóclea, os nervos terminais de nossa pele) recebem estímulos do ambiente, então transformado em uma cadeia de sinais que viajam para o cérebro. Esses sinais ajudam a construir padrões neurais que "mapeiam" nossas interações com objetos e pessoas em nosso ambiente, mas sofisticadas análises neurológicas reconhecem que nossos cérebros não apenas moldam, eles são *moldados* por esses encontros. O cérebro – o que é consensual hoje – possui uma plasticidade e uma maleabilidade que é sensível a e se desenvolve como consequência de nossas ações e interações.

Avanços recentes em engenharia genética reforçam ainda mais a importância dos fatores sociais para nossa constituição biológica: hoje somos capazes de alterar elementos de nossa herança genética. A pesquisa de células-tronco, por exemplo, anda a passos largos, promete ter uma inaudita importância para a medicina, serviços de saúde e bioengenharia, tendo o potencial de produzir todos os tipos de células e tecidos do corpo. As indústrias das ciências da vida, com as quais essa pesquisa se aliou, começaram já na década de 1970 a criar novos produtos a partir de amostras de humanos, animais, plantas e outros materiais, extraindo e recombinando o material genético de novas maneiras. Tais desenvolvimentos fornecem mais evidências da importância dos desenvolvimentos sociais, incluindo, sobretudo, os avanços científicos para nossa constituição biológica.

Convergências

Se existem motivos convincentes para as ciências sociais levarem em conta sua contraparte biológica, parece que setores das ciências biológicas adotaram uma concepção mais fluida de seu objeto, aberta à influência de processos sociais e desenvolvimentos culturais. Esses movimentos resultaram na convergência parcial entre esses dois lados do divisor acadêmico em torno da importância social do corpo orgânico – um reconhecimento que pode aumentar o valor das explicações advindas de um amplo leque de disciplinas.

Nem todos sustentam que processos biológicos e sociais são interdependentes, mas essa concepção encontra apoio em características elementares de diversas capacidades humanas básicas, mas socialmente vitais, tais como a linguagem e as emoções.

O desenvolvimento da linguagem entre indivíduos – tão crucial para a cooperação que torna possível a cultura e a prosperidade econômica – requer não apenas a língua, as cordas vocais, a laringe e outros equipamentos biológicos necessários para a fala, mas também a ativação e cultivo fornecidos pelo grupo social ao qual pertence o indivíduo. Emoções – tão cruciais na formação de relações íntimas –, essenciais para a capacidade humana de detectar e responder ao perigo, possuem também dimensões sociais e biológicas. A reação do tipo lutar ou fugir, por exemplo, estimulada por uma situação na qual o organismo percebe uma ameaça, *automaticamente* prepara o indivíduo para a ação por meio do aumento dos níveis de adrenalina, de pressão sanguínea, de batimentos cardíacos e de atenção. Contudo, os significados vinculados a tal reação, os sentimentos experimentados pelos indivíduos que passam por isso e as ações às quais engajam durante e na sequência do ocorrido *variam culturalmente* conforme fatores como a exposição dos indivíduos em questão a um tipo masculino ou feminino de socialização.

Se nas décadas recentes essa preocupação com as dimensões sociais e biológicas da existência humana apontou o potencial dos estudos do corpo como campo interdisciplinar, seria um equívoco negligenciar as tentativas prévias de preparar o terreno para tal desdobramento. Auguste Comte, o fundador da sociologia, era considerado um dos principais teóricos da biologia no século XIX francês e traçou fortes paralelos entre o organismo individual e o organismo social. Alhures, John Dewey, George Herbert Mead e outros filósofos pragmatistas do início do século XX analisaram nossos hábitos físicos como meios de facilitação de nossa sobrevivência, base estrutural de nosso sistema nervoso e orientadores de nossa atenção e pensamento. William James foi outra figura importante nesse contexto: graduado em medicina e professor de Fisiologia em Harvard, ele estava especialmente interessado na experiência. Tendo insistido na importância de seus fundamentos orgânicos, entretanto, esses estudiosos também propuseram que nossos hábitos são moldados por relações sociais, podendo ser escrutinizados e transformados pelas ações e reflexões do indivíduo.

O caráter elusivo dos corpos

O crescimento do campo dos estudos do corpo é uma consequência de vários desenvolvimentos que sublinharam a condição encarnada da existência humana como um problema social e político; cresceu também por causa da convergência parcial dos interesses dos cientistas biológicos e sociais. Se a variedade desses fatores ajudou a estimular um novo campo de estudos interdisciplinar, ela no entanto não contribuiu muito para estabilizar as respostas à questão "o que é o corpo?" Quanto mais o corpo é estudado, mais maleável e elusivo ele parece se tornar.

O sentido, manifestação e valor atribuídos ao corpo mudaram e sofreram uma metamorfose dependendo de quem o estuda. Ele foi um veículo de dominação e opressão para feministas que enfatizavam a subjugação dos corpos femininos na sociedade. Ele foi uma métrica usada para escrutinar o *status quo* político para aqueles preocupados em forjar estilos de vida e linhas de ação política compatíveis com os limites ecológicos do planeta. Os custos do cuidado de uma população cada vez mais frágil dominou a agenda daqueles interessados nos problemas causados pelo envelhecimento dos corpos. Enquanto isso, em outros lugares, o corpo era um marcador de identidade para aqueles interessados em seu aparecimento e *status* na sociedade de consumo; um meio de monitorar e controlar os movimentos de "alteridades perigosas" para aqueles encarregados da seguridade nacional; e um modo cirurgicamente reformado e tecnologicamente melhorado de aperfeiçoar as capacidades humanas para aqueles interessados em enfraquecer as fronteiras entre a carne e a máquina. Em cada um desses casos, o corpo assume um sentido, uma visibilidade e um valor particulares, dependendo da perspectiva de seu estudo.

Incertezas sobre o que é o corpo não são de todo uma novidade. O Ocidente medieval cristão considerava que vermes e criaturas serpejantes habitavam o interior do corpo, dando azo a preocupações crônicas com a estabilidade do organismo físico. Preocupações com a ressurreição e o destino futuro do céu e do inferno também encorajaram uma associação ansiosa entre identidades e corpos dos fiéis. Entretanto, as diversas "partes interessadas" nos debates contemporâneos sobre o corpo criaram uma situação em que incertezas corporais proliferaram para muito além de um único sistema de crenças ou de um conjunto de premissas disciplinares. Nesse contexto, as circunstâncias associadas ao que muitos consideravam ser "fatos brutos" associados a humanos *tendo* corpos (capacitando-os a agir) e *sendo* corpos (colocando constrangimentos inevitáveis a suas atividades) foram objeto de intensa controvérsia. Em nenhum outro lugar isso foi mais evidente do que nos debates sobre as bases físicas das diferenças sexuais.

2
Corpos sexuados

A ideia de que nossos corpos são moldados por forças e relações sociais, em vez de serem governados exclusivamente por fatores biológicos naturais, encontra talvez a sua dimensão mais controversa quando se trata de diferenças sexuais. Com efeito, a crença de que existem diferenças fundamentais e imutáveis na configuração fisiológica e neurológica de machos e fêmeas – baseadas significativamente em seus papéis na reprodução biológica – ainda é amplamente aceita e socialmente influente. Dessa perspectiva, as diferenças sexuais são evidentes desde o nascimento, se amplificam durante a puberdade e adolescência e chegam a influenciar as identidades pessoais e relacionamentos, preferências de lazer e vidas profissionais de homens e mulheres. Elas também garantem que os sexos tenham corpos, gostos e habilidades *fundamentalmente* diferentes, excelem em tarefas diferentes e sejam talhados para papéis sociais diferentes. Como diz um *best--seller* da psicologia, o abismo que nos separa é tão pronunciado que os homens bem poderiam ser de Marte, e as mulheres, de Vênus.

No entanto, não é necessária uma viagem espacial para o argumento da maioria, que vê como opostas as formas de corporeidade masculina e feminina. Melhor, são processos evolutivos naturais, criadores – como geralmente se considera – das diferenças físicas, hormonais e neurológicas entre os sexos, que determinam a dominância dos homens em áreas como força física, tarefas espaciais e raciocínio lógico, e a superioridade das mulheres no campo da multitarefa, da empatia e da comunicação. Tal abismo, de acordo com os sociobiólogos que são influentes expoentes dessa tese desde a década de 1970, torna inevitável que os "fatos" dos corpos biologicamente sexuados estejam fadados a constranger e a orientar a organização da sociedade.

Apesar da persistente popularidade dessa concepção, o tema dos corpos sexuados de fato nos fornece um excelente meio de explorar como as relações sociais e os significados culturais têm influenciado, ao longo dos séculos, as capacidades e destinos daqueles definidos como "homens" e "mulheres". Com efeito, os diversos modos pelos quais "sexo" e "gênero" foram definidos e interpretados tornam problemática a ideia de que existem, e sempre existiram, apenas duas formas de corporeidade (masculina e feminina). Avaliar a relevância dos fatores sociais e culturais nesse processo é, ademais, extremamente importante: a sugestão de que as "diferenças sexuais" corporalizadas são naturais e imutáveis tem sido historicamente usada para atribuir identidades fixas a homens e mulheres, identidades que os condenam a papéis limitados e desiguais.

Quando se analisa a posição das mulheres de classe média na Grã-Bretanha vitoriana, vê-se o efeito dessas visões estereotipadas do corpo. As mulheres eram proibidas de entrar em instituições de ensino superior e desencorajadas a participar de esportes mais vigorosos – exclusões justificadas pela crença de que a sobrecarga física ou mental prejudicaria os órgãos reprodutivos e afetaria a aptidão futura de uma raça imperial. Dominadas pelos ciclos naturais de menstruação, gravidez e parto (fatos biológicos que faziam delas aptas a um papel restrito no plano doméstico), essas mulheres foram impedidas de participar de atividades e instituições que ofereciam a seus correlatos masculinos benefícios em termos de saúde, *status* social e perspectivas econômicas. A anatomia determinava o destino.

Corpos masculinos e femininos na história

Além dos estereótipos que dominaram a era vitoriana, o que mais chama a atenção ao adotar uma perspectiva histórica de longa duração sobre corpos sexuados é o grau de variação ao longo do tempo das visões dominantes sobre o tema. Desde a Antiguidade clássica até o fim do século XVII as crenças predominantes sobre as diferenças sexuais de fato *não* envolviam a interpretação dos contrastes corporais entre mulheres e homens como oposições, imutáveis ou como geradores naturais de divisões sociais. Em vez disso, os corpos masculinos/femininos eram entendidos a partir do que o historiador Thomas Laqueur denominou de modelo "um sexo/ uma carne". Esse modelo estava fundado na crença de que os corpos de homens e mulheres eram essencialmente *similares*, apesar de possuírem diferenças circunscritas. No século II d.C., por exemplo, o médico grego Galeno sustentava que os corpos masculinos e femininos eram homólogos – argumento que encontrava eco em ilustrações dos órgãos reprodutivos, em que a vagina era retratada como um pênis interno e os ovários como testículos internos. Seria apenas o calor excessivo do homem que teria exteriorizado seus órgãos, ao passo que o frescor dos corpos femininos mantinha sua estrutura interiorizada. Tais pontos de vista não implicavam que as mulheres fossem consideradas iguais aos homens social, moral ou fisicamente: para Galeno, o calor maior dos homens os tornava fisicamente superiores às mulheres. No entanto, os órgãos corporais eram em si mesmos insuficientemente estáveis ou diferentes para serem causas naturais de desigualdades individuais ou sociais.

Esse modelo de um sexo/uma carne pode parecer bizarro agora, mas foi a forma dominante de pensar sobre os corpos masculinos e femininos por séculos. Durante o Renascimento, por exemplo, quando os bebês eram designados como masculinos ou femininos de acordo com a presença ou ausência de um pênis, identidades sexuais não eram consideradas imutáveis. A presença ou ausência de um pênis era reconhecida apenas como um índice diagnóstico de uma identidade sexuada mais complexa. Tão importante quanto ser considerado homem ou mulher eram variáveis como passividade ou atividade, calor ou frieza, e também ser avaliado socialmente como um humano "completo" ou "incompleto". Além disso, reconhecia-se que essas qualidades corporais podiam mudar ao longo do tempo, mudanças que poderiam resultar na alteração da identidade de um indivíduo de masculina para feminina ou vice-versa. Até o século XVI ainda era possível encontrar anatomistas argumentando que as mulheres podiam se transformar subitamente em homens se seus órgãos sexuais internos fossem empurrados de dentro para fora.

Esses exemplos históricos nos mostram como as concepções contemporâneas dos corpos sexuados como opostos nem sempre dominaram o pensamento das pessoas sobre a questão. No entanto, a abordagem "um sexo/uma carne" que perdurou por tanto tempo foi desafiada e eventualmente substituída durante o século XVIII. A ciência começou a "rechear" e tornar mais estáveis as categorias de "masculino" e "feminino", julgando que estas se referiam a oposições biológicas corporais naturais. De indicadores maleáveis de identidade pessoal e diferença social, os corpos sexuados passaram a ser vistos como uma das *fundações* mais importantes para distinções, identidades e divisões sociais (determinando o *status* social de uma pessoa como homem ou mulher, e também fixando sua orientação sexual vis-à-vis o sexo "oposto"). A ideia de "corpo feminino inferior" como organismo vivo – mas também como um cadáver e um esqueleto – tornou-se de particular interesse. Agora geralmente se aceitava que os corpos caóticos e instáveis das mulheres dominavam e ameaçavam o potencial racional de suas mentes frágeis facilmente perturbáveis.

Em contraste gritante com filósofos do século XVII como Hobbes e Locke, para quem não havia nada de inevitável sobre as ordens sociais dominadas por homens, as ciências biológicas dos séculos XVIII e XIX insistiam que as limitações dos corpos das mulheres implicavam sua subordinação social. As sensibilidades naturais das mulheres as tornavam aptas para produzir filhos e ofereciam uma base sobre a qual podiam constituir um lar, mas as impediam de assumir papéis significativos na esfera pública. Em ressonância com certos aspectos das concepções cristãs de pecado original, pensava-se que o parto destinava as mulheres não apenas a dores físicas, mas também a uma existência social muito restrita.

Por que essa reinterpretação "naturalista" dos corpos sexuados se mostrou tão popular e influente? Não há resposta fácil para essa pergunta, dado que o modelo anterior "um sexo/uma carne" se referia a sociedades caracterizadas por grandes desigualdades sociais entre homens e mulheres. Se essas sociedades mais antigas podiam prescindir da argumentação sobre as bases físicas das desigualdades sociais, por que essas justificativas se tornaram posteriormente importantes?

Historiadores do corpo nos forneceram uma possível resposta para essa questão, interpretando a passagem de uma concepção a outra como uma solução ideológica para um dos principais dilemas do pensamento iluminista. O modelo "um sexo/uma carne" herdado pelo Iluminismo criou o problema de justificar a contínua dominação dos homens sobre as mulheres em um contexto em que o pensamento filosófico progressista estava fundamentado no compromisso com a igualdade de direitos. Se a configuração e as capacidades corporais de homens e mulheres são *essencialmente* semelhantes, apesar das variações, não há justificação iluminista para negar às mulheres os direitos concedidos aos homens. Talvez não seja surpreendente que isso tenha preocupado aqueles (homens) que mais teriam a perder com qualquer possível reforma no *status quo*. No entanto, se os corpos sexuados não fossem realmente fenômenos biológicos maleáveis, mas estruturas orgânicas fixas e desiguais que teriam um efeito imutável sobre os destinos de homens e mulheres, as desigualdades poderiam ser explicadas com base em *condições naturais*, em relação as quais a sociedade era *impotente*. Essas concepções naturalistas da corporeidade comprometiam o *status* das mulheres, ao mesmo tempo em que reforçaram a posição dos homens na sociedade.

Os cientistas contribuíram muito para esse novo argumento de que a anatomia sexual selava o destino social e cultural, muitas vezes recorrendo seletiva e parcialmente à teoria da evolução de Darwin. Enquanto as mulheres lutavam pelo acesso à educação superior durante o século XIX, por exemplo, craniometristas (que mediam e analisavam crânios como indicadores de capacidades humanas) ridicularizavam tais aspirações. Um dos craniometristas mais influentes foi Gustave Le Bon (um pioneiro da psicologia); para ele, o tamanho relativamente pequeno da cabeça das mulheres as impedia de desenvolver cérebros maduros: as mulheres seriam uma forma "inferior" de desenvolvimento evolutivo que jamais poderia se beneficiar das oportunidades educacionais e outras disponíveis para os homens.

Mesmo quando as mulheres tinham acesso à educação, ainda se ouvia vozes precauciosas. Nos Estados Unidos, o presidente da Sociedade Médica do Estado de Óregon alertou em 1905 que a atividade intelectual poderia vir a causar doenças mentais e físicas. Similarmente, autoridades governamentais na Inglaterra sugeriram em um relatório de 1923 do Conselho de Educação que os "distúrbios corporais" infletidos sobre as meninas prejudicavam suas capacidades mentais e prejudicavam seu desempenho nas provas. Além disso, a tendência do que passava como ciência a identificar geradores corporais supostamente "naturais" de desigualdades sociais entre homens e mulheres não arrefeceu.

A sociobiologia é o caso mais notório dessas abordagens. Desenvolvida na Universidade de Harvard durante os anos 1970, e baseada em uma versão reacionária da teoria da evolução, a sociobiologia tornou-se popular como uma contrapartida às políticas economicamente liberais e socialmente conservadoras praticadas pelos governos de direita nos Estados Unidos e no Reino Unido. A sociobiologia afirma que as desigualdades sexuais são inevitáveis, o resultado natural e irreversível de diferenças genéticas. A seleção natural indicava que as mulheres evoluíram para se destacar em papéis sociais associados à nutrição e ao cuidado, enquanto os homens foram projetados para competir e dominar. Além disso, argumentaram os sociobiólogos, não haveria vantagem alguma na tentativa de realizar uma engenharia social na própria sociedade para se obter igualdade sexual: em última análise, indivíduos, como disse famosamente Richard Dawkins, não são senão "máquinas de sobrevivência" a serviço da real força motriz genética da história e da sociedade.

De corpos sexuados a corpos generificados

Focalizar o modo como os corpos sexuados foram classificados ao longo da história leva a *insights* úteis sobre as percepções culturais sobre homens e mulheres, mas nos diz pouco sobre como os indivíduos experimentavam seus corpos, ou como poderiam usá-los, às vezes, para mitigar os efeitos dos estereótipos sociais. Por exemplo, existem registros medievais de mulheres ganhando respeito e reconhecimento dentro e fora da igreja cristã, "acessando o divino" por meio de dramáticas experiências corporais de visões extáticas, lactações místicas, estigmas e atos prodigiosos de renúncia.

No entanto, gerações posteriores de mulheres enfrentaram diferentes desafios, especialmente após a ciência estabelecer a concepção de que os corpos femininos são os frágeis opostos dos corpos dos homens. A durabilidade e as consequências dessa "biologia da oposição" foram tão prejudiciais às oportunidades pessoais e sociais das mulheres que feministas no século XX participaram de esforços concertados para minar sua credibilidade. Isso foi feito por meio de uma distinção crucial, a distinção entre o que é biologicamente "dado" no corpo feminino e o que é culturalmente "adicionado" a ele (isto é, aquelas concepções e preconceitos sobre as mulheres que não podiam ser justificados por sua constituição biológica). Essas posições feministas pavimentaram um "caminho do meio" por entre as perspectivas anteriores. Por um lado, ao reconhecer que mulheres e homens são de fato diferentes em virtude de sua capacidade reprodutiva, bem como de suas características sexuais primárias e secundárias, elas reconheceram a importância da biologia para a constituição do sexo. Ao fazê-lo, elas compartilharam pelo menos um pouco do terreno com as concepções científicas das diferenças corporais que se tornaram populares a partir do século XVIII. Por outro lado, elas buscaram restaurar alguma maleabilidade concedida no modelo "um sexo/uma carne" aos corpos masculinos e femininos, sublinhando, assim, a importância das concepções culturais do gênero. Nesse sentido, feministas como Kate Millett, Betty Frieden, Anne Oakley e Germaine Greer salientaram, de maneiras distintas, não haver nada de natural nos corpos das mulheres que justificasse a restrição de seus papéis nos confins da família ou a discriminação sexual operante nas oportunidades do mercado de trabalho, nas faixas de remuneração ou na lei. Essas desigualdades, insistiam elas, tinham suas raízes em concepções culturais preconceituosas sobre o que é ser mulher, que não poderiam e não deveriam ser justificadas mobilizando noções de corpo biológico.

Em nenhum lugar essa busca pelo equilíbrio entre reconhecer a importância da biologia e destacar os efeitos discriminatórios da cultura foi mais evidente do que nos escritos de Simone de Beauvoir – a feminista mais famosa do século XX. O livro de Simone de Beauvoir *O segundo sexo*, de 1949, sugeria que as meninas eram submetidas a "aprendizagens" da feminilidade que não apenas construíam, mas também *distorciam* as diferenças biológicas entre os sexos. Essas aprendizagens começavam cedo: enquanto os meninos eram encorajados a participar de esportes de contato que lhes ensinavam autoconfiança e a utilizar seus corpos para seus próprios fins, as meninas eram direcionadas a tarefas passivas que as deixavam vulneráveis à objetificação e à dominação. Para ela, são essas atividades *socialmente organizadas* que limitam os corpos femininos, atividades que socializam fisicamente as mulheres nos papéis restritos de esposa e mãe. Como disse Beauvoir, "não se nasce mulher, torna-se mulher".

Apesar da importância atribuída à cultura, tem-se a impressão, analisando o trabalho de Beauvoir, de que os corpos das mulheres são "perturbados" por seu funcionamento biológico. Ela sugere que durante a menstruação, a gravidez e a amamentação o corpo feminino se torna uma fonte de alienação que expõe as mulheres a forças naturais além de seu controle e pode fazê-las sentir como se fossem um "instrumento de passagem da vida". Contudo, ao se concentrar na mediação social das capacidades dos corpos femininos, Beauvoir ajudou a minar o argumento de que a fisicalidade das mulheres seria sempre natural e irreversivelmente inferior à dos homens.

Essa distinção entre sexo biológico e gênero cultural – sendo o primeiro enraizado em processos biológicos relativamente inacessíveis e o último socialmente variável – tornou-se a pedra angular das análises feministas. Foi de fato com base nessa distinção que estudiosas subsequentes mostraram como os estereótipos culturais comprometiam os interesses das mulheres, informando as concepções populares sobre a relação entre as capacidades físicas e mentais das mulheres e seus papéis sociais. Percepções dos corpos femininos como fracos, inconfiáveis e lascivos, por exemplo, foram historicamente justificadas por fatores como o tratamento legal dos corpos femininos como propriedade dos homens e a objetificação desses corpos na pornografia.

As feministas ocidentais também mobilizaram essa distinção entre sexo e gênero ao explorar outras culturas, demonstrando que os corpos femininos nem sempre condenavam as mulheres a papéis convencionais. Pesquisas antropológicas entre o povo Nuer da África Oriental, por exemplo, foram utilizadas para apontar que as mulheres poderiam assumir papéis sociais dos homens em certas culturas. Da mesma forma, as xamãs do povo Chukchi do nordeste da Sibéria – uma cultura em que existem múltiplas identidades de gênero – ocasionalmente assumem identidades masculinas, podendo até tomar esposas.

Corpos socialmente generificados

A socióloga de gênero australiana (ela própria uma mulher transexual), Raewyn Connell, examinou mais de perto a forma como os estereótipos culturais não apenas alteram o tratamento destinado a mulheres e homens, mas também moldam sua configuração física e neurológica. Ao fazê-lo, Connell nos forneceu um valioso relato geral das três "fases" ou conjuntos de condições essenciais para o desenvolvimento de "corpos generificados" – corpos que são moldados fisicamente por concepções e práticas culturais. Essa análise se apoia nas ideias de Simone de Beauvoir.

O primeiro conjunto de condições que deve existir para a criação de corpos generificados envolve concepções e ações estereotipadas que ignoram as semelhanças, mas destacam e exageram as diferenças entre os corpos masculinos e femininos. Isso é mais evidente no caso de crianças pequenas, às quais são impostas identidades generificadas – em termos de seu vestuário, de como são referidas, do grau de sua participação em brincadeiras agressivas e de quais brinquedos lhes são dados – muito antes de seus corpos serem capazes de se envolver de forma significativa em ações baseadas em diferenças de sexo, como a reprodução biológica.

A segunda etapa começa quando essas concepções e ações estereotipadas suscitam *mudanças* reais no desenvolvimento físico dos jovens. Os meninos tendem a ser encorajados a desenvolver seus corpos e impor-se a seu entorno. Já as meninas tendem a entreter preocupações estéticas focadas na aparência e na dieta (um regime que visa *reduzir* o espaço ocupado pelo corpo). Esses tipos de atividades têm efeitos muito diferentes no desenvolvimento e na força muscular. Essas atividades e concepções estereotipadas têm até o potencial, por meio de seu impacto na produção hormonal, de afetar a resistência óssea e o desenvolvimento esquelético.

A terceira etapa na construção de corpos generificados ocorre quando essas mudanças físicas são interpretadas como a *confirmação dos estereótipos* que ajudaram a suscitar seu desenvolvimento. As mulheres podem realmente se tornar mais fracas e menos capazes em certas tarefas físicas do que os homens como consequência das mudanças estimuladas social e culturalmente sobre seus corpos, decorrentes, por exemplo, de anos a fio de dieta e obsessão pela aparência. Os estereótipos generificados, de acordo com a análise de Connell, raramente são inofensivos: pelo contrário, eles informam práticas que podem criar desigualdades corporais e sociais reais entre homens e mulheres. Uma citação da especialista britânica em estudos esportivos Jennifer Hargreaves ilustra o ponto, revelando como os preconceitos sobre mulheres frágeis de classe média na Inglaterra vitoriana eram reforçados pela sua ina-

tividade física, pelos espartilhos tão apertados que dificulta-
vam a respiração e por outros aspectos do estilo de vida dessas
mulheres que constituíam sérias restrições a suas habilidades
corporais:

> As mulheres da classe média realizaram seu pró-
> prio estereótipo de mulheres "delicadas" [...]. As
> mulheres "eram" manifestamente física e biologi-
> camente inferiores porque realmente "desmaia-
> vam", não "conseguiam" se alimentar, ficavam
> constantemente doentes e expressavam passivi-
> dade e submissão de várias formas e de modo
> consistente. A aceitação por parte das mulheres
> de sua "incapacitação" deu um peso compassivo
> e moral aos chamados "fatos" estabelecidos.

Os efeitos retroalimentares dos estereótipos culturais e do
desenvolvimento físico não estão restritos às mulheres ou à
época vitoriana. Nos dias de hoje, preocupamo-nos cada vez
mais com os efeitos colaterais do consumo abusivo de este-
roides entre garotos adolescentes e jovens adultos que buscam construir corpos fortes e musculosos; já o crescimento
nas últimas décadas de transtornos alimentares entre garotas
cada vez mais jovens está associado à prevalência de corpos
magros em anúncios e revistas.

O cultivo social de corpos e capacidades físicas contrastantes também pode encorajar mulheres e homens a ingressar
em diferentes empregos, caracterizados por oportunidades e
recompensas muito distintas. Talvez não seja por acaso que,
se as funções de comissária(o) de bordo e enfermeira(o) se

apoiam e desenvolvem qualidades de cuidado e desvelo estereotipicamente femininas, os requisitos para a cobrança de dívidas ou para serviços militares são afins aos valores estereotipicamente masculinos de intimidação e agressividade física. Tais exemplos – explorados em detalhe no livro clássico de Arlie Hochschild, *The managed heart: commercialization of human feeling*, de 1983, e em uma série de projetos de pesquisa subsequentes – mostram os diversos e muito distintos modos de valoração dos corpos de homens e de mulheres no mercado de trabalho.

Se preconceitos e práticas sociais podem moldar o desenvolvimento físico, amplificando ou criando diferenças entre os sexos, recentes desenvolvimentos na neurociência sugerem que o cérebro provavelmente também é afetado por esses processos. A especulação sobre a existência e função dos "neurônios-espelho", por exemplo, levanta a possibilidade de que as mudanças generificadas exploradas por Connell possam remodelar a "malha" e as reações neurológicas do cérebro. Cientistas sugeriram que os neurônios-espelho ajudam a explicar nossa capacidade de ter empatia pelos outros (por exemplo, quase sentir a dor de outra pessoa), mas também é possível que esse espelhamento seja *seletivo* (com "pontes" neurológicas entre pessoas sendo mais fortes entre aqueles que se sentem identificados). São meninos socializados para ser fisicamente dominantes, por exemplo, aqueles que com frequência se "equipam" para imitar os atletas musculosos e agressivos que veem na televisão. Em contraste, são meninas aquelas que mais geralmente são levadas a perder peso pela influência de modelos retocadas que as cercam em *outdoors*, revistas e televisão.

De volta para o futuro?

Explorar as interações entre corpos sexuados e concepções e práticas generificadas estereotipadas permitiu aos cientistas sociais superar as deficiências das teorias científicas anteriores que concebiam homens e mulheres como opostos biológicos. No entanto, a ciência ela própria avançou. Na verdade, se no século XVIII os cientistas foram responsáveis pela consolidação da ideia de que os corpos de homens e mulheres eram opostos biológicos, avanços na endocrinologia (o estudo dos hormônios) subsidiaram uma concepção significativamente diferente da relação entre corpo e sexo a partir das primeiras décadas do século XX.

Os endocrinologistas sugeriam que os elementos químicos responsáveis pelas diferenças sexuais atestavam não haver tal coisa como o corpo masculino ou o corpo feminino: seria mais preciso falar de um *continuum* de corpos sexuados. Por exemplo, o estrogênio e a progesterona são frequentemente referidos como hormônios femininos e a testosterona como hormônio masculino, mas as mulheres liberam testosterona a partir da glândula ad-renal e os homens liberam estrogênio pelos testículos. Além disso, a socialização, as exigências laborais, as atividades esportivas, as medicações, as drogas para melhoria do desempenho e o envelhecimento podem afetar os níveis desses hormônios nos corpos individuais. Assim, é bastante possível que um homem de 70 anos tenha níveis mais altos de estrogênio do que uma mulher mais jovem. Os corpos aqui parecem maleáveis, embora não tanto quanto como no modelo de diferença sexual "um sexo/uma carne".

Se os trabalhos dos endocrinologistas sobre corpos sexuados desafiaram as premissas da oposição biológica, avanços na genética também rejeitaram a perspectiva sociobiológica simplista de que os "blocos elementares" da vida determinam identidades pessoais e estruturas sociais. O que tem sido chamado de "nova" biologia, associada a iniciativas como o Projeto Genoma Humano, insiste que as bases genéticas da vida humana são muito mais complexas do que se supunha anteriormente. Os genes, materiais hereditários localizados no interior do núcleo de cada célula, determinam certas características físicas, como a cor dos olhos, mas características mais complexas, como identidades generificadas de masculinidade e feminilidade, não podem ser reduzidas a qualquer "lógica" de influência genética. Com efeito, a importância dos genes e grupos de genes é *codeterminada* por interações no interior do organismo humano, bem como por interações entre as pessoas e o ambiente social e material em que vivem.

A história e as ciências sociais não foram as únicas que desenvolveram abordagens dinâmicas e fluidas sobre o tema dos corpos sexuados. Levar em conta a importância de fenômenos biológicos e sociais que antes estavam fora do escopo de suas principais preocupações ajudou essas disciplinas a elaborar explicações cada vez mais sofisticadas sobre a corporalização do sexo, mas isso não contribuiu para forjar qualquer consenso sobre o que constitui as formas corporais masculinas ou femininas. No contexto de uma crescente reflexão sobre o tema, tornou-se difícil determinar precisamente o que é o corpo sexuado. Contra esse pano de fundo e buscando interrogar ainda mais a "substância" do sexo e os limites de sua maleabilidade, a feminista contemporânea Judith Butler formulou uma das abordagens mais radicais a essa questão.

Para além de corpos sexuados e generificados?

Influenciada pelo estudo de 1979 de Esther Newton sobre as travestis norte-americanas, intitulado *Mother camp*, Judith Butler propôs que o corpo sexuado adquire seu significado social e sua aparente substância por consequência das *performances* desempenhadas pelas pessoas. Essas *performances*, que no caso das mulheres mobilizam acessórios como batom, salto alto e joias, estilizam o corpo de uma maneira que se aproxima das expectativas sociais do que é feminino ou masculino (cf. fig. 3).

Figura 3 – *Performance* da feminilidade.

De acordo com Butler, no entanto, não são apenas as noções culturais de gênero que são mantidas e reproduzidas por essas *performances*, mas também a própria ideia de que existem corpos "de homens" e "de mulheres". Quando repetidas com frequência – o que acontece diariamente para mulheres e homens que foram "educados", socializados e "convocados" para falar, olhar e agir de acordo com seu sexo atribuído – essas *performances* manejam o material físico em que se apoiam de uma maneira que sugere a existência de algo essencial e inalterável sobre o corpo feminino ou masculino.

A ênfase de Butler nas *performances* estruturadas e generificadas (fenômenos aos quais ela se refere com o termo "performatividade") pode nos ajudar a destacar o caráter fluido da relação entre corpo, sexo e gênero, mesmo quando parece ser estanque. A própria Butler tende a ver essas *performances* como prescritas por normas heterossexuais obstinadas que orientam apresentações de feminilidade e masculinidade aceitáveis, colocando à margem a capacidade das pessoas de desafiá-las e de agir de maneira diferente. No entanto, a própria ideia de *performance* pode se associar a um senso de maleabilidade, valendo a pena ilustrar esse ponto mobilizando o fenômeno do transgênero. Tendo experimentado uma profunda dissonância entre seus corpos e o senso de sua identidade de gênero, indivíduos transgênero deliberam e podem decidir mudar os primeiros para se adequarem ao último (cf. fig. 4).

Figura 4 – Pessoas transgênero ilustram algumas das muitas maneiras de configurar a corporalização da identidade.

Um exemplo da possível variedade de *performances* generificadas é o caso do primeiro jogador de futebol transgênero. Biologicamente masculino, mas cultivando a aparência feminina, Jaiyah Saelua situa-se na categoria samoana de *fa'afafine* (um terceiro gênero, comum na cultura polinésia). Em 2011 ela jogou no time de futebol de Samoa americana em uma partida pelas eliminatórias para a Copa do Mundo. O caso de Saelua ilustra as muitas maneiras pelas quais uma *perfor-*

mance pode reunir corpo, aparência e ações de forma a proporcionar coerência ao senso generificado específico de eu.

A sugestão de Butler de que corpos sexuados podem de algum modo ser levados à existência pelas *performances* é útil para lançar ainda mais luz sobre um dos temas principais deste livro – a dificuldade de especificar atualmente o que é natural ou mesmo "real" no corpo. Contudo, sua colossal ênfase na performatividade não está isenta de problemas. Em particular, deixar de ver as dimensões biológicas e físicas dos corpos como dimensões importantes do humano *em si mesmas* dificulta a compreensão dos danos causados por práticas que agridem o corpo. A popularidade da prática do pé de lótus na China da dinastia Song (séculos X e XIII), por exemplo, ou a mutilação genital feminina no Nordeste da África e na África Subsaariana (e alhures), não são simplesmente modos de preparar o corpo para engajar-se em certas *performances* e não em outras. Ao contrário, tais costumes comprometem diretamente as capacidades e o potencial do eu físico das mulheres.

Apesar das potenciais dificuldades da abordagem de Butler, seu interesse na importância das *performances* para "trazer à existência" corpos sexuados permanece útil quando visto em paralelo à tendência de mulheres e homens a trabalhar seus corpos como projetos; como matéria-prima a ser engenhada vis-à-vis certas concepções de feminilidade e masculinidade. Não precisamos "descartar" o corpo material para reconhecer a importância da *performance*: independentemente do que os corpos sexuados são, eles se tornam visíveis e significativos conforme o manejo e as modulações desses corpos na vida cotidiana das pessoas, emitindo impressões sobre quem e o que elas são, que podem confirmar ou minar estereótipos generificados.

Corpos generificados e valores

A ideia de que a constituição e as capacidades do corpo são moldadas socialmente, e não determinadas por processos naturais evolutivos, talvez encontre seu ponto mais controverso quando se trata de diferenças sexuais. Como as feministas da segunda onda das décadas de 1960 e 1970 deixaram claro, a ideia que os corpos femininos seriam naturalmente aptos para certos papéis limitados foi defendida e mobilizada regularmente por aqueles ansiosos por extrair valor da posição subordinada das mulheres no lar e no mundo do trabalho. Governos de direita nos Estados Unidos e no Reino Unido na década de 1970, por exemplo, desenvolveram políticas amigáveis ao grande negócio e ao "livre-mercado" que dependiam em parte do duplo papel das mulheres como esposas não remuneradas e como trabalhadoras assalariadas. A justificativa para essa situação era que suas propostas refletiam o que era natural em termos tanto biológicos quanto econômicos. De forma mais geral, há muito tempo os homens têm tirado proveito do trabalho doméstico não remunerado das mulheres e de seu acesso desigual a recursos que vão desde a alimentação a empregos. Esse contexto histórico parece sugerir que as interpretações dos corpos sexuados provavelmente continuarão sendo uma questão muito controversa.

Uma questão que apareceu repetidamente nas análises críticas sobre a generificação dos corpos das mulheres, incluindo as *performances* contrastantes que elas irão realizar, concerne a escolarização, o aprendizado ou, em termos mais gerais, a educação corporalizada progressiva de garotas e garotos. Pensadoras como Simone de Beauvoir, Raewyn Connell e Judith Butler sugerem que existem múltiplos processos de aprendizagem e ensino envolvidos na produção de corpos detentores de capacidades e disposições que parecem "naturalmente" femininos ou masculinos. O tema da educação, com efeito, levanta problemas ainda maiores, relativos à extração ou adição de lucros e valores de sujeitos corporalizados. Questão que iremos abordar a seguir.

3
Educando corpos

As dimensões corporais da educação têm sido há muito tempo obscurecidas por aqueles que identificam a escola primariamente à mente e ao conhecimento abstrato. Pode-se encontrar essa tendência entre políticos liberais e elaboradores de políticas públicas, que fazem a equação educação = desenvolvimento e mobilidade social, e também entre seus correlatos conservadores, que investem em instituições de aprendizagem com a responsabilidade de inculcar na visão de mundo dos pupilos valores socialmente aprovados, compatíveis com uma carreira futura.

Essas concepções de educação, entretanto, são enganosas. Instituições educativas não se conectam com a mente como se esta fosse uma entidade divisível – não há recipientes descorporalizados de pensamento flutuando pelas salas de aula, oficinas e auditórios. Elas procuram sim estruturar e orientar as *capacidades corporalizadas* das pessoas para experimentar, refletir e engajar com os ambientes sociais, físicos e simbólicos nos quais vivem. Os resultados desses processos educativos podem, aliás, aperfeiçoar ou limitar as habilidades das pessoas de agregar valor às suas vidas e às de outros. Análises feministas desses aprendizados generificados aos quais são submetidos garotos e garotas durante sua passagem para a fase adulta destacam os efeitos restritivos de certos "regimes" educativos.

Uma maneira geral de reconhecer que a educação é um processo rigorosamente corporalizado é insistir que existem *pedagogias do corpo*; pedagogias concernidas com a relação inextricável entre a ação física prática e o pensamento. Pedagogias do corpo consistem em conjuntos ordenados de práticas projetadas para cultivar determinadas técnicas, habilidades e orientações sensórias em relação ao ambiente; fenômenos eles mesmos associados a tipos específicos de conhecimento e crença. Para o sociólogo e antropólogo Marcel Mauss, são os métodos sociais pelos quais os corpos são educados que transformam organismos humanos em determinados tipos de pessoas capazes e desejosas de funcionar prática e intelectualmente nas culturas às quais pertencem.

A maioria das pessoas se expõe a formas institucionalmente sancionadas de pedagogia do corpo bem cedo. Desde o desenvolvimento do Estado de Bem-estar Social no pós-guerra, a escola tem complementado o papel da família, sendo o lugar privilegiado no qual ocorre o monitoramento, os cuidados e o amadurecimento de um grande número de crianças. Essa educação mira ostensivamente na corporeidade como um todo: desde o estágio inicial da educação primária, os alunos recebem a cada ano centenas de correções físicas de suas ações e movimentos feitas por parte de professores preocupados não apenas em estimular sua capacidade de pensar, mas também de instilar neles determinados modos de gerir seus corpos, de interagir com os outros e de experimentar seu entorno. Os esforços dos professores de ensinar as crianças a se vestir, a ir no banheiro antes que seja tarde, a respeitar o espaço dos outros e a participar de rituais cotidianos como as preces matinais demonstram a crucial importância para a escolarização do corpo *movente* e *gerido*, e não apenas alguma noção abstrata de "mente pensante" (cf. fig. 5).

Figura 5 – A pedagogia do corpo envolve o disciplinamento e o cultivo das habilidades das crianças tanto dentro quanto fora da sala de aula.

A pedagogia corporal não está confinada aos modernos estados de bem-estar social. Ela se faz presente em toda etapa da história humana. Homens espartanos da Grécia antiga, por exemplo, eram alistados aos sete anos de idade para a *agoge*, um árduo e prolongado regime de educação e treinamento cujo propósito era produzir soldados hábeis e resilientes. Mais recentemente, o "cristianismo muscular" na Inglaterra vitoriana (também detectável nos Estados Unidos e na Austrália da segunda metade do século XIX) concentrava-se no desenvolvimento de uma classe dirigente apta a governar suas colônias por meio de esportes coletivos e de uma educação física disciplinada.

A educação dos corpos nas escolas e além delas tem uma longa e vária história, mas suas diversas manifestações têm em comum a tentativa de desenvolver e orientar em uma determinada direção as energias, capacidades, disposições e deliberações daqueles a ela submetidas. Procurando sobreviver e prosperar em um ambiente global cada vez mais competitivo, estados-nação contemporâneos continuam a colocar a educação no centro de seus esforços a fim de assegurar a máxima produtividade física e mental das futuras gerações de trabalhadores. Ecoando a perspectiva anterior de um professor de Fisiologia da Universidade de Cornell que saudou a gestão do corpo como uma expressão essencial do patriotismo (prescreveu uma dieta depois de calcular que há mais de 40 milhões de quilos em excesso apenas em nova-iorquinos, que poderiam ser melhor utilizados como ração às tropas da

Primeira Guerra Mundial), políticos de todos os continentes abraçaram a ideia de que a educação de corpos pode ser tanto um veículo de controle quanto uma fonte potencial de valor para a sociedade.

No contexto desses desenvolvimentos, o teórico da educação Basil Bernstein sugeriu que as culturas modernas estão se tornando "totalmente pedagogizadas": não apenas os sistemas nacionais de educação, mas também um grande número de grupos transnacionais e de grupos sociais, culturais e religiosos mais locais estão promovendo como "normais" e desejáveis suas próprias versões do que deve ser a educação. Se a pedagogia corporal se tornou uma questão tão importante na contemporaneidade, será então preciso examinar com mais detalhe o que está envolvido no cultivo do ser corporalizado das pessoas.

Técnicas do corpo

Escrevendo na primeira metade do século XX, Marcel Mauss abordou em detalhe os mecanismos envolvidos na pedagogia do corpo com sua sugestão de que as sociedades são lugares nos quais as pessoas só podem interagir efetivamente se transmitirem para cada nova geração suas *técnicas do corpo*. Essas técnicas são modos particulares de usos do corpo enquanto engajado em uma ampla gama de atividades, que vão das mais instintivas (mas a princípio socialmente insignificantes, como a respiração, o caminhar, o agachar) até as mais agressivas (como o combate). Essenciais para a aquisição de cada uma dessas técnicas são o *processo biológico* que abarca postura, musculatura e movimentos do corpo, o *processo psíquico*, abrangendo receptividade, esforço e reflexão por parte do indivíduo, e o *processo social* de aprendizagem e imitação, característico de um ensino e aprendizado eficazes. A análise de Mauss nos permite ver como a educação fornece um meio a partir do qual várias dimensões da corporeidade humana podem ser utilizadas para vincular indivíduos a culturas. Certas técnicas corporais geralmente sobrevivem e prosperam de forma mais efetiva quando são úteis aos propósitos dos indivíduos e aos objetivos da coletividade. Se certas técnicas do corpo podem ser comuns à sociedade ou cultura, já outras servem para diferenciar pessoas. Às vezes, isso ocorre quando as classes sociais dominantes são capazes de classificar determinadas técnicas como de *status* baixo, a serem evitadas sempre que possível. Encontramos um exemplo na Europa do século XVIII, quando as classes dirigentes consideraram o caminhar como um modo de transporte adequado aos pobres, criminosos, jovens e ignorantes. Em outros casos – como nas técnicas corporais associadas à violência física masculina, de um lado, e ao labor doméstico e aos cuidados femininos, de outro –, sua distribuição desigual pode ajudar os homens a controlar, dominar e extrair valor das mulheres. Há também um componente de classe nas técnicas de violência. No período feudal e na primeira modernidade, por exemplo, os homens donos de propriedades eram geralmente uma ameaça maior do que os camponeses, uma vez que eles possuíam armas, habilidades, além de cavalos, que os outros não tinham.

Técnicas corporais também podem servir para diferenciar pessoas devido ao simples grau de especialização e treinamento prolongado aos quais elas estão associadas. O corpo pode ser nosso "primeiro e mais natural instrumento", mas os processos complexos envolvidos na aquisição de habilidades em grau avançado indicam que essas habilidades estão geralmente disponíveis apenas para aqueles que possuem os meios que lhes permitem passar por aprendizados prolongados (uma variável também relacionada com as estruturas de oportunidade da sociedade). Tornar-se músico ou atleta profissional, por exemplo, requer respostas musculares, sentidos e sensibilidades ajustados à tarefa e uns aos outros antes de se obter progressos. Mesmo ações como a manipulação das cordas de um violino, como pegar e mover uma bola de críquete pela palma da mão e entre os dedos antes de lançá-la em direção aos postes, estão sujeitas a um longo processo de aprendizado por causa da complexidade das mãos e dos modos sutilmente diferentes de segurar, pinçar, amparar e aninhar objetos.

Chegar ao estágio em que tais ajustes podem ser feitos não apenas durante a execução de uma tarefa específica, mas também por meio de uma gama de tarefas cognatas essenciais a um ofício, esporte, profissão ou vocação, pode exigir, de fato, um aprendizado de anos. Notavelmente, vários pesquisadores sugerem que são necessárias cerca de 10 mil horas de prática contínua e intencional para se tornar um artesão habilidoso, por exemplo, ou proficiente em qualquer habilidade em alto nível.

Filósofos abordaram as dificuldades associadas à aquisição dessas habilidades detalhando como esse processo sempre requer a superação de lacunas – lacunas entre a habilidade individual de empreender uma tarefa desafiadora e os objetos ou ambientes que a pessoa está tentando manipular. Leif Östman e seus colegas da Universidade de Uppsala forneceram úteis análises empiricamente informadas da colmatagem das lacunas entre as primeiras tentativas e a posterior execução bem-sucedida de uma tarefa para os casos de navegação, educação física e artesanato. Mais mundano é o exemplo da casa em reforma. Para perfurar uma parede irregular, martelar um prego em um espaço apertado, ou tentar serrar uma tábua de madeira em um ângulo preciso, é necessário fazer ajustes, que envolvem o alinhamento cuidadoso e equilibrado entre nossos sentidos e ações e as propriedades da matéria-prima em questão. Para um amador como eu, a menor irregularidade de uma parede pode suscitar, e de fato suscita, um problema – a perfuração é feita mecanicamente sem uma sensibilidade às mínimas variações necessárias para manter a constância e a direção do furo e assim evitar que a broca se afaste da linha correta, derrapando pela parede. Contrastivamente, para o especialista, os ajustes de postura e pressão ocorrem automaticamente por meio de uma responsividade sensível às ações que estão sendo realizadas e aos materiais trabalhados.

A aquisição de expertise em uma área de operações práticas pode ter um impacto profundo na experiência corporalizada. O domínio bem-sucedido de uma habilidade envolve "verter o eu corpóreo" sobre a tarefa em curso; um processo caracterizado por um senso de harmonia entre o sujeito individual e os objetos externos. Do corpo a corpo com uma tarefa que parece estranha, embaraçosa e desconectada do participante, uma sensação de imersão e conforto, ou o que os psicólogos chamam de "fluidez", pode emergir da execução bem-sucedida de uma técnica habilidosa. O relato do sociólogo David Sudnow sobre a aprendizagem do piano de *jazz* evidencia o ponto: tentativas torturantes de fazer música foram gradualmente cedendo lugar à capacidade de improvisar de forma efetiva. Outra consequência do domínio bem-sucedido de tais habilidades é a emergência de um distanciamento entre o eu corpóreo anterior e o atual, e de uma nova distinção entre aqueles com quem se compartilha agora essa habilidade e aqueles desprovidos de tais habilidades – uma distinção que tem consequências importantes quando se trata de estratificação social e do desenvolvimento de identidades sociais.

Esses processos e experiências, juntamente com o senso de distinções e divisões sociais que estes podem suscitar, podem ser ainda mais explorados com o auxílio de exemplos tirados das atividades de treinamento ocupacional (envolvendo a educação da visão), da religião (o "Curso Alfa" do movimento carismático cristão) e do esporte (o aprendizado necessário para se tornar um boxeador). Agrupados, eles ilustram de que modo o corpo educado nos oferece aquilo que o filósofo Merleau-Ponty chamou de "nosso veículo de ser no mundo e nosso meio para ter um mundo". Dadas as diversas maneiras em que essas pedagogias corporais desenvolvem as capacidades práticas, sensórias e intelectuais do sujeito corporalizado, eles não necessariamente nos ajudam a encontrar uma simples resposta à questão "o que é um corpo?" Em contrapartida, concentrando-nos nas várias maneiras em que os sujeitos corporalizados podem ser "aperfeiçoados" pedagogicamente pelas relações e treinamento sociais, eles levam nossa atenção em direção ao corpo como um recurso, aos modos de atribuir valor ao corpo e à questão sobre o que pode um corpo.

O treinamento ocupacional da visão

Até recentemente a visão era negligenciada com frequência nas discussões sobre a pedagogia do corpo envolvida na educação e treinamento ocupacionais. Na última década, entretanto, vários estudos examinaram como a aquisição de técnicas visuais específicas é parte integrante de determinadas profissões. Uma série de análises fascinantes, mas contrastantes sobre como os animais são vistos e avaliados por um lado, e como os especialistas aprendem a ver e interpretar imagens médicas por outro, representa bem esses estudos.

A cientista social e comportamental Cristina Grasseni realizou pesquisas sobre como criadores e jurados de gado aprendem a classificar e avaliar a excelência entre vacas de reprodução assistida. Duas coisas se destacam em seu relato. A primeira diz respeito ao fato de que os juízos visuais moldados por padrões profissionais de tamanho e proporção são aprendidos somente após uma educação e treinamento consideráveis. A duração dessa "indução" é tal que os filhos de criadores começam a aprender seu ofício brincando com vacas de plástico que replicam padrões esteticamente selecionados. Aprender a procurar no corpo de uma vaca – o tamanho, a textura e a proporção das principais partes do corpo e a importância gradativa atribuída a cada uma das variáveis que constituem a excelência – exige prática e orientação.

A segunda característica particularmente notável diz respeito à forma como esses padrões e práticas visuais vêm ao longo das décadas servindo – por meio de práticas de reprodução que selecionam e cruzam o gado com base nesses padrões estéticos – para *transformar a aparência dos animais*. Longe de ser passiva, a visão, aqui, está ligada a práticas corporais que *re-fazem* parte do mundo animal. Nesse caso, reflexões sobre e avaliações da qualidade dos corpos animais informam práticas que afetam o futuro desenvolvimento desses corpos.

O outro estudo que eu gostaria de mobilizar aqui explorou os modos como os animais são vistos e deriva do trabalho de campo do antropólogo Rane Willerslev entre os Yukaghirs, um pequeno grupo indígena siberiano. Willerslev detalha como esses caçadores devem aprender a assumir o "ponto de vista dos alces" a fim de rastreá-los de forma eficaz. Em vez de ter que adquirir e ver pela lente dos padrões dos criadores de gado, os Yukaghirs demonstram que aprender a ver pode depender de atingir um certo grau de comunicação *entre espécies*. A pedagogia corporal dos alces rastreados exige que o caçador veja enquanto se move com muito cuidado por terrenos acidentados, e também que esteja atento e responsivo à possibilidade de *ser visto pela* presa.

Ao manter o que Willerslev chama de "dupla atenção", o caçador deve tentar "adotar a perspectiva" do alce, aparecendo de forma inofensiva – impressão que implica imitar posturas passivas mas mantendo a intenção e chegando a uma proximidade suficiente para o abate da presa. Longe de ser um sentido passivo, a visão está novamente ligada a uma educação do corpo que molda como os indivíduos (neste caso, os caçadores) se orientam e agem no mundo. Aprendendo por meio da orientação dos mais velhos, e do *feedback* implacável dos alces que escapam das tentativas desajeitadas de rastreá-los, a eventual conquista da proficiência também facilita a mudança de *status* social. Ser capaz de navegar as tensões entre ver e ser visto pelos alces abre um novo mundo de possibilidades para o caçador; amplia seu potencial para agir sobre seu ambiente ao mesmo tempo em que ganha o respeito dos outros.

Estudos sobre a interpretação de tomografias computadorizadas oferecem exemplos bem diferentes de educação da visão. Esses exames produzem imagens médicas de qualquer seção do cérebro e do corpo na tentativa de detectar anomalias associadas a tumores, lesões ou vasos sanguíneos.

Essas imagens definitivamente não fornecem sempre indicações claras do que está acontecendo dentro do corpo e podem aparecer como um amontoado de bolhas escuras e manchas de luz e sombras que não fazem sentido para o principiante.

A educação prolongada necessária para decodificar essas imagens requer uma forma de ver que seja guiada por regras, procedimentos e saltos interpretativos intuitivos aceitos pela comunidade médica. A interpretação é necessária para que os significados sejam atribuídos a uma imagem que de outra forma pareceria incompreensível, ao passo que um processo de tradução é necessário para julgar sua exata localização fisiológica ou neurológica e sua relevância.

Apesar das diferenças entre ver animais e ver imagens médicas, esses exemplos se complementam, demonstrando como a visão pode ser treinada para ver coisas novas e para prover novos tipos de informações valiosas como parte de uma educação profissional mais ampla em técnicas corporais. Essas formas de educação podem ser direcionadas para resultados muito diferentes, mas elas canalizam "formas de ver" para determinados tipos de atuação no e transformação do ambiente (seja esta transformação relativa à criação de gado, à caça de alces ou à saúde de pacientes).

Uma aprendizagem no boxe

Processos envolvidos em uma forma muito diferente de pedagogia corporal são abordados no livro *Body & soul: notebooks of an apprentice boxer* [*Corpo e alma: notas etnográficas de um aprendiz de boxe*] do sociólogo Loic Wacquant, publicado originalmente em 2001. Inicialmente, Wacquant não pretendia estudar o boxe: ele entrou em contato com o ginásio de boxe Woodlawn em Chicago quando estava em busca de pessoas que o ajudassem em seu estudo sobre guetos afro-americanos. No entanto, as primeiras experiências o levaram a realizar uma observação participante no boxe, e assim começou um projeto de três anos em que ele treinava de três a seis vezes por semana ao lado de boxeadores amadores e profissionais.

O objetivo de Wacquant era mapear os processos envolvidos na aquisição de um "habitus pugilístico" (técnicas, hábitos, maneiras de ver, sentir e responder que definem o boxeador competente). O que é particularmente interessante em seu relato é a distância entre suas tentativas iniciais desajeitadas de seguir as rotinas de treinamento e seus feitos posteriores, quando as horas de dedicação, trabalho árduo e dor começavam a dar resultados. Esses esforços iniciais são ilustrados por essa sinopse sobre ser *sparring*:

> Meus pulmões estão prestes a explodir; eu não tenho mais pernas nem forças. Eu o acompanho, lançando jabes numa névoa de fadiga, suor e excitação. Meus punhos rapidamente vão ficando

pesados, meus braços, dormentes [...]. Estou perdendo minha energia numa velocidade relâmpago e meus socos já não fazem o som de impacto [...]. "Tempo!" Finalmente acabou! Estou à beira da asfixia, tetanizado de exaustão, totalmente drenado em seis minutos. Tenho a impressão que vou vomitar meus pulmões e desmaiar [p. 85 da edição brasileira].

Como os corpos dos iniciantes iguais a Wacquant são educados e transformados para que possam incorporar as técnicas e lidar com as exigências dessa arte esportiva? O início formal desse processo começa na academia; um espaço e cultura que promove um estilo de vida disciplinado de dieta, sono e exercício, de modo que os boxeadores muitas vezes o comparam a entrar para o exército. O próprio treinamento inclui *shadowboxing*, exercícios abdominais, pular corda e outras disciplinas que gradualmente instilam no iniciante técnicas, coordenação e resistência aptas para sobreviver a esse regime. Pedagogicamente, a satisfação de ser informado pelo treinador que está fazendo algo corretamente é o complemento da dor de ser atingido quando as técnicas se mostram ineficazes em sessões de *sparring*. As emoções devem ser controladas para minimizar os castigos do ringue e para habituar o praticante a não desistir diante da adversidade. Não há substituto para as longas horas de ações repetitivas necessárias para educar o corpo nos requisitos obrigatórios para ser um boxeador.

No caso de Wacquant, as melhorias vieram com o tempo, e seu relato desse aprendizado (que culminou em uma luta "para valer") descreve em detalhes um período de progresso no qual estavam intimamente ligados a visão, o movimento, a resiliência e a resistência:

> De sessão em sessão, meu campo visual foi ficando mais nítido, expandiu-se e reorganizou-se: consegui bloquear os estímulos externos à minha atenção e discernir melhor os movimentos do meu adversário, como se minhas faculdades fossem melhorando à medida que meu corpo se acostumava ao *sparring*. E sobretudo eu fui adquirindo gradualmente o olhar específico que me permitiu adivinhar os ataques dos meus oponentes ao ler os primeiros sinais em seus olhos, na postura de seus ombros ou na posição de suas mãos e cotovelos [...] [p. 107-108].

Submeter-se e assimilar a pedagogia corporal associada ao boxe é, claro, uma experiência muito diferente das práticas orientadas pela visão discutidas na seção anterior. No entanto, isso reforça o ponto de que a educação é um fenômeno completamente corporal, e que os modos de ver estão intimamente relacionados às, e não separados das, capacidades e atividades físicas. Wacquant também argumenta que as práticas envolvidas no aprendizado do boxe podem exercer um efeito profundo nos processos de pensamento. Os boxeadores aprendem *de seus corpos*, bem como de corpos dos outros, que seguir estritamente uma dieta e um treinamento físico aumenta as chances de sucesso esportivo. Eles descobrem *por meio* da cultura fisicamente informada da academia que dormir tarde, consumir álcool e exagerar ou faltar nos treinamentos aumentam suas chances de lesão.

As rotinas, as emoções e o *esprit de corps* associados a esse esporte começam a moldar os sonhos daqueles que persistem em cultivar e aprimorar suas habilidades. O próprio Wacquant experimentou isso ao se confrontar com a perspectiva de ter que renunciar ao estilo de vida de boxeador ao qual se acostumara para retornar à vida fisicamente sedentária da academia. Tendo redirecionado suas ações e pensamentos corporificados para as atividades e aspirações embutidas na pedagogia corporal do boxe, a perspectiva de mergulhar no negócio relativamente solitário de traduzir pensamentos para o papel e escrever uma tese parece deprimente.

Tornando-se religioso

O terceiro exemplo de como os corpos se desenvolvem e se distinguem uns dos outros por meio da aquisição de pedagogias social e culturalmente padronizadas advém das pesquisas do estudioso da religião Tony Watling sobre as experiências dos participantes do Curso Alfa. Trata-se de um programa de quinze semanas associado ao cristianismo evangélico, cujo propósito é preparar o iniciado para receber o Espírito Santo durante um intenso fim de semana. Enquanto tal, destina-se a auxiliar os indivíduos a entrar em um relacionamento direto com Deus, e é associado por aqueles que o idealizaram com a condição espiritual de pureza característica da Igreja cristã do século I.

Os programas Alfa foram ganhando mais popularidade durante a década de 1990, e agora contam com milhões de pessoas por ano em muitos países. No entanto, os cursos individuais são muitas vezes eventos intencionalmente pequenos, com cerca de uma dúzia de participantes, orientados por vários "líderes", que são cristãos comprometidos, que "receberam" o Espírito Santo e que guiam a educação dos participantes. O próprio curso tem como objetivo informar e transmitir a seus alunos uma compreensão intelectual dos princípios centrais do cristianismo, mas subjacente a e indo além desse objetivo intelectual encontramos o propósito de educar os corpos dos iniciados para que recebam uma experiência emocional intensa, que fornece uma base para essa compreensão e que também estimula a identificação pessoal com o cristianismo.

Eis uma das técnicas pedagógicas utilizadas para estimular essa experiência testemunhada por Watling: uma pessoa é convidada a sentar-se em um banco no centro da sala, enquanto os demais colocam as mãos em sua cabeça e seus ombros, orando para que o Espírito Santo preencha seu corpo e sua mente. A maneira como as pessoas experimentam o Espírito Santo varia – desde uma súbita sensação de possessão (expressa em desmaios, em risos ou lágrimas incontroláveis e em glossolalias) até a compreensão gradativa da presença durante a oração. Seja como for, é comum que esses sentimentos estejam associados a uma sensação de "liberação", de "rendição" e até mesmo de renascimento e a uma determinação renovada de abraçar Deus como mentor e guia.

Se o estudo de caso de Watling revela que o Curso Alfa possui seus próprios meios de educar os corpos dos iniciados, ele sustenta o argumento de Marcel Mauss de que as pedagogias corporais religiosas estão por toda parte. Em seus comentários sobre a religiosidade oriental, Mauss identifica a importância das técnicas de respiração tanto para o equilíbrio e a harmonia cósmicos vivenciados por sacerdotes taoistas quanto para o contato transcendental com o divino experimentado por místicos iogues. Exemplos como esses sugerem que a experiência religiosa depende, pelo menos em parte, do tipo de educação recebida pelos corpos.

Se é possível identificar pedagogias corporais em várias religiões, também é importante observar que técnicas distintas informam experiências, práticas e crenças religiosas muito diferentes. O cristianismo e o islamismo, por exemplo, são ambas religiões monoteístas, mas suas respectivas pedagogias estão associadas a efeitos muito diferentes. O cristianismo geralmente mobiliza técnicas rituais que enfatizam a *comunhão* (por meio do batismo e da participação na eucaristia, por exemplo); promove um sentimento de *transcendência individual*; e procura levar os fiéis para *outro mundo* em um processo de renascimento que aceita uma distinção entre imperfeição mundana e a perfeição transcendente. Por sua vez, o islamismo geralmente enfatiza técnicas corporais indicativas de *submissão* (como os exercícios de prostração que acompanha a *salat* – oração praticada cinco vezes ao dia); técnicas essas que buscam estimular um senso de *identificação coletiva* com outros muçulmanos (reforçado pelo jejum exigido durante o ramadã e as privações tradicionalmente associadas à peregrinação); e que procuram promover uma "sociedade total" na qual a lei divina (*sharia*) ajuda a garantir que as realidades mundanas correspondam aos propósitos religiosos transcendentes.

O "conhecido" e o "desconhecido"

A educação tem a ver tanto com os fazeres corporais quanto com o pensamento cognitivo, e embora os dois fenômenos talvez sejam em última análise inseparáveis, até recentemente os primeiros tenderam a ser negligenciados na maioria das análises sobre ensino e aprendizagem. Essa negligência é importante não apenas porque pôs à margem questões relacionadas a saber como aprendemos a interagir com o ambiente em que vivemos, experimentando-o e alterando-o, mas importa também porque é um efeito de como o desenvolvimento de habilidades, hábitos e técnicas físicas informa nossas reflexões e crenças sobre o mundo.

Em contraste com a visão ocidental tradicional segundo a qual nossas mentes são independentes das atividades e relacionamentos em que estamos imiscuídos – definindo-nos como humanos por causa de sua capacidade de facultar o pensamento –, a experiência prática e a ação não são necessariamente opostas ou prejudiciais ao *insight* e à reflexão intelectual. Independentemente de se tratar de avaliar ou rastrear animais, esquadrinhar imagens médicas, comungar com o divino ou qualquer outro exemplo, as técnicas corporais por meio das quais experimentamos e agimos no mundo podem facultar um tipo de pensamento profundamente engajado, informado pela natureza do ambiente no qual intervém o indivíduo.

Desenvolvendo esse ponto, o filósofo pragmatista John Dewey explica as conexões entre experiência e ação corporais e pensamento consciente pela distinção e as conexões entre conhecimento *anoético* e *noético*. O conhecimento anoético existe independentemente do pensamento consciente: ele se encontra em nosso eu corporalizado, fora do escopo da atenção intencional, enquanto intuição, consciência ou saber fazer algo ainda não reflexivamente formulado. O conhecimento noético, por sua vez, manifesta-se conscientemente como razão, reflexividade e intelecção. Embora muitas vezes seja difícil, e às vezes impossível, traduzir experiências sensoriais-perceptivas em conhecimento noético, elas formam uma camada ontológica sobre a qual são formulados o pensamento e a reflexão.

A discussão de Dewey é importante, pois sugere que a educação dos corpos opera no nível do conhecimento anoético pré-consciente, e não apenas no do pensamento noético consciente. Vistos dessa perspectiva, os exemplos de educação corporal examinados neste capítulo envolvem a formação de tipos específicos de atenção, premissas e orientações pré-

-conscientes. As diferenças existentes entre o esportista que se "sente à vontade" quando se empenha em um treinamento físico rigoroso, o místico religioso para quem a imobilidade é preferível, e o músico que se sente mais vivo quando toca seu instrumento, não podem ser explicadas apenas com base em conhecimentos ou valores intelectuais. A pedagogia do corpo fornece justamente uma base anoética e pré-consciente sobre a qual o entendimento se desenvolve.

Essa abordagem aos corpos educados tem consequências importantes não apenas para a compreensão da emergência de diferenças culturais entre as pessoas, mas também para a avaliação dos possíveis obstáculos à comunicação e ao diálogo entre grupos de pessoas que procuram superar conflitos. Se aceitarmos que diferentes formas de pedagogia corporal criam lacunas entre as pessoas – relativamente a seu senso prático e também intelectual do que é natural, viável e desejável –, então terá um valor limitado a ideia de que falar por sua própria conta pode ser um meio de entendimento. A pedagogia corporal está inextricavelmente relacionada a culturas específicas, bem como à história e tradições dessas culturas, e no caso de diferenças religiosas, por exemplo, não devemos nos surpreender se elas fomentarem choques encarniçados.

A qual deus devemos orar, como devemos orar, o que devemos comer – perguntas como essas não são apenas uma questão de crença, assim como não o são saber se a atividade evangelística é uma opção ou um dever, se o pluralismo religioso ou mesmo as caricaturas de Deus são ou não aceitáveis. Elas também estão inscritas na maneira como as pessoas aprenderam a usar seus corpos e a se engajar com o ambiente ocupado pela religião. Esse ponto é desenvolvido na exploração de diferentes pedagogias corporais empreendida pelo antropólogo Tim Ingold. Ao encorajar a "comunhão de experiências" entre as pessoas, imergindo-as nos mesmos tipos de aprendizagem física, ele sugere que aqueles responsáveis pelo que podemos chamar de "currículo corpóreo" de um grupo, cultura ou nação estão cultivando uma base corporalizada sobre a qual devem ser constituídas tentativas de entendimento e discussão verbal.

É claro que não há garantia de que um indivíduo específico irá adquirir com sucesso as habilidades e aptidões associadas a uma educação do corpo particular. Assim como muitos alunos rejeitam como irrelevante ou são incapazes de aprender o conhecimento acadêmico apresentado a eles na escola, também muitas pessoas não conseguem internalizar as pedagogias corporais às quais são expostas. Um exemplo particularmente preocupante das consequências não intencionais das pedagogias corporais vem da pesquisa conduzida pelo especialista em educação física John Evans e seus colegas da Universidade de Loughborough. Trata-se de um estudo sobre os efeitos sobre jovens mulheres muito motivadas de iniciativas educacionais recentes projetadas para melhorar a aptidão física, aumentar o sucesso esportivo e combater a "crise da obesidade". Essas iniciativas reforçaram tendências internas à cultura de consumo a deificar mulheres excessivamente magras, contribuindo para a formação de inquietantes tendências à anorexia e a outros distúrbios alimentares – e subtraindo, em vez de aumentar, as capacidades de ação das pessoas afetadas. Essa pesquisa sugere que se as identidades das pessoas e a maneira como elas variam histórica e interculturalmente estão intimamente relacionadas às formas de educação corporalizada que recebem, essas pedagogias corporais podem gerar consequências significativas e indesejadas.

Os processos envolvidos na educação corporal fazem-se notar por toda a sociedade, ainda que sejam mais visíveis no interior das instituições educacionais formais. Eles levantam questões importantes sobre quem tem o direito de selecionar e controlar as técnicas, informações e valores corporalizados transmitidos a indivíduos no interior de configurações culturais distintas. A patente diversidade de formas pelas quais indivíduos e grupos corporalizados podem ser treinados a usar seus corpos, sentidos e mentes não esclarece muito o que queremos dizer com "o corpo", mas orienta nossa atenção para a questão – igualmente importante – sobre o que o corpo pode fazer. As pedagogias corporais não apenas apontam o desenvolvimento das capacidades das pessoas para certas direções, mas também podem, dependendo da forma que assumem, agregar valor à capacidade de engajamento dos indivíduos e de transformação de seu ambiente. Se formas contrastantes de pedagogias corporais acrescem valor aos indivíduos de maneiras diferentes, também mostram que o que é valorado e valorizado em seus corpos e suas capacidades sensoriais pode variar enormemente.

4
CORPOS GOVERNADOS

Teorias de governança – sobre os modos de cumprimento da regra ou regulamentação em nações, instituições e organizações – há muito têm como foco as estratégias dos estados de controle e desenvolvimento das capacidades corporais de seus cidadãos. Ao fazê-lo, elas levantam questões sobre como os estados conceituam os corpos os quais procuram governar, sobre a valoração de aspectos do ser corporalizado das pessoas e sobre a resistência que eles podem enfrentar quando tentam implementar suas políticas e atingir seus objetivos. Ao analisar essas questões, o sociólogo Bryan S. Turner foi longe a ponto de sugerir que o fato mesmo de os cidadãos constituírem seres corporalizados apresenta aos governos desafios incontornáveis. Estes envolvem: (1) garantir taxas populacionais viáveis ao longo do tempo; (2) regulamentar o movimento de corpos para dentro, para fora e no interior de seus territórios; (3) garantir que a expressão física dos desejos das pessoas seja compatível com a convivência pacífica; e (4) manter um consenso básico sobre como os indivíduos devem se apresentar aos e interagir com os outros. Para Turner, esses desafios tendem a ser enfrentados com (1) sistemas de casamento não arranjado e patriarcado; (2) vigilância, policiamento e armazenamento de registros; (3) processos de socialização que valorizam o autocontrole; (4) costumes duradouros relativos à aparência e ao comportamento.

A influente perspectiva de Turner nos permite ver a relação existente entre governo e corporeidade e também chama nossa atenção para os modos de exploração históricos dessas ligações. Na Grécia antiga, por exemplo, Platão retratou os cidadãos da República como divididos em três classes segundo sua compleição física e moral. Aristóteles desenvolveu essas ideias de governo e desigualdades corporais argumentando que, se a política deve promover hábitos físicos e mentais nobres entre os residentes da pólis, a natureza corporal de mulheres e escravos os impedem de desenvolver essas virtudes.

Séculos depois, concepções muito diferentes de governo, como um *contrato social* entre governantes e governados, continuaram preocupadas com a natureza essencial dos indivíduos corporalizados. Escrevendo em meio a turbulências políticas e guerra civil, o filósofo inglês Thomas Hobbes argumentou em seu livro de 1651, *The Leviathan*, que no "estado de natureza" os indivíduos se inclinavam naturalmente para a violência. Para Hobbes, esse comportamento destrutivo resultaria inevitavelmente em uma guerra de "todos contra todos", a menos que as pessoas concordassem em ceder direitos fundamentais ao Estado – direitos que entregavam o poder de vida e morte ao governo.

Hobbes e outros teóricos do contrato social da primeira modernidade como Rousseau estavam preocupados em especificar as condições em que a vida corporalizada poderia ser regulada, preservada e aprimorada, uma vez que se supunha ser as aspirações e propensões físicas do coração da natureza humana. Apesar de estudiosos do corpo e da governança terem recentemente objetado a suposição de que existiria uma natureza humana essencial, eles continuaram a explorar a relação entre controle estatal e comportamento. No século XX, o sociólogo Norbert Elias, por exemplo, argumentou que a crescente capacidade dos estados de punir atos de violência não autorizados estava associada à disseminação de formas pacíficas de interação humana e à expressão mais ponderada dos desejos individuais.

A ascensão do biopoder

Buscando compreender histórica e teoricamente as mudanças que ocorreram na relação entre o governo do Estado e o corpo, o filósofo francês Michel Foucault voltou sua atenção para a transição das formas de governança medieval para as modernas. Segundo Foucault, essa transição girou em torno de uma mudança na natureza e da "explosão" do número e variedade do que ele denomina de "biopolítica": "técnicas de subjugação dos corpos e controle das populações". O efei-

95

to cumulativo dessas mudanças substituiu a ênfase medieval na morte por uma ênfase no exercício do controle por meio da gestão positiva da *vida*.

A ênfase medieval na morte

Nos estados absolutistas medievais – estados nos quais o monarca exercia total autoridade –, o tratamento legal dos corpos tendia a operar a partir de uma simples distinção entre vida e morte. Havia poucos esforços estatais para regular detalhadamente como as pessoas obedientes à lei deveriam conduzir suas vidas. Porém, as ameaças à segurança do Estado provocavam exibições espetaculares de poder monárquico envolvendo tortura e destruição do corpo do infrator (cf. fig. 6).

No entanto, no período final da primeira modernidade, grandes mudanças ocorreram em apenas algumas décadas que deslocaram o foco da governança da morte para a da vida. Foucault ilustra isso em uma aterradora passagem na abertura de seu livro *Vigiar e punir*, na qual ele detalha a tortura e execução de Damiens em 1757 (condenado por tentativa de assassinato do Rei Luís XV da França). Amarrado a um andaime, Damiens teve pedaços de carne arrancados de seu corpo com tenazes incandescentes antes que uma "poção fervente" fosse derramada sobre cada ferida[1]. Gritando

---

1. "Damiens fora [...] atenazado nos mamilos, braços, coxas e barrigas das pernas [...] e às partes em que será atenazado se aplicarão chumbo derretido, óleo fervente, piche em fogo, cera e enxofre derretidos [...] e a seguir seu corpo será

de dor, seus membros foram então retorcidos e finalmente separados de seu corpo. Por fim, ainda vivo, seu tronco foi lançado ao fogo e gradualmente consumido pelas chamas. Essa execução foi uma fonte de entretenimento para seus espectadores – um *show* para ser apreciado.

Figura 6 – Histórias de Esther: o enforcamento de Haman, miniatura a partir da Bíblia de Souvigny. Manuscrito em latim 1 folio 284 recto, século XII.

---

puxado e desmembrado por quatro cavalos [...]". FOUCAULT, M. (1987 [1975]). *Vigiar e punir*. Petrópolis: Vozes, p. 9 [N.T.].

Se a governança no fim da primeira modernidade manteve elementos da ênfase medieval na tortura e na execução, desenvolvimentos ocorridos no fim do século XVIII e início do século XIX acarretaram um fundamental afastamento das exibições brutais de violência física em que se baseava o governo. Incomodados com a "indiferença habitual" promovida por espetáculos públicos como a execução de Damiens, reformadores sociais e políticos ficaram preocupados com os obstáculos à manutenção da ordem social deixados por esses eventos. No lugar dessa violência, houve uma mudança gradual em direção ao encarceramento em condições consideradas propícias para ressocializar os infratores e devolvê-los ao convívio social. Foi essa mudança na governança que lançou as bases para a moderna gestão biopolítica da vida.

A ênfase moderna na vida

A abordagem moderna à gestão da corporeidade envolvia para Foucault uma nova "arte de governo", na qual disciplinar a "alma" (ou os desejos, hábitos e ações do indivíduo) tornou-se mais importante do que punir a carne. Essa arte concentrou-se em aprimorar a qualidade da população, no sentido de valorizar seu "capital humano" (comportamentos, saúde, educação, habilidades e capacidades das pessoas relevantes enquanto produtoras de lucro econômico e outras formas de lucro). Isso foi possível graças ao desenvolvimento de novas instituições e aos saberes a elas associados. Por exemplo, a proliferação de asilos e hospitais e as inovações na organização das fábricas emergiram lado a lado de avanços na biologia e na moderna economia política. Inovações nas modernas forças armadas facilitaram a introdução de testes de QI e da noção de níveis médios de inteligência. Essas circunstâncias permitiram que os governos classificassem e buscassem gerir os indivíduos a partir de noções do que seria "normal", eficiente e produtivo – ou, alternativamente, "anormal", ineficiente e improdutivo – para os grupos mais amplos aos quais pertenciam.

Nesse horizonte, a arte governamental de aprimorar o capital humano assumiu uma variedade de formas envolvendo a avaliação e a gestão das pessoas, mas duas delas eram especialmente proeminentes. A primeira abarca o que poderíamos chamar de "vigilância produtiva", essencial às ideias de reforma prisional e organização do local de trabalho dos séculos XVIII e XIX. O caso da reforma prisional tem como exemplo o "panóptico" projetado pelo filósofo inglês Jeremy Bentham (cf. fig. 7) – tal estrutura contava com uma torre central de observação a partir da qual os prisioneiros podiam ser monitorados. Com todas as suas ações expostas ao escrutínio, essa visibilidade tinha como objetivo encorajar os prisioneiros a refletir sobre seu comportamento da perspectiva do diretor do presídio e a melhorar seu autocontrole. A preocupação medieval com a tortura e desmembramento do corpo do criminoso foi substituída por tentativas de alcançar a reabilitação – um passo que, se replicada na população carcerária, teria o potencial de aumentar a capacidade produtiva da sociedade como um todo.

Figura 7 – O panóptico de Bentham.

A vigilância produtiva não se resumia à reforma prisional. Com efeito, o plano de instalar um ponto central de vigilância observando uma área muito maior foi desenvolvido pela primeira vez na década de 1780 pelo irmão de Jeremy Bentham, Samuel, quando trabalhava na Rússia para o Príncipe Potemkin. Neste caso, o panóptico fora projetado para permitir que um pequeno número de gerentes de fábrica supervisionasse e aumentasse a produção de uma força de trabalho muito mais numerosa. Foucault nos fornece um exemplo de como esses princípios foram realmente implementados quando descreve os gerentes da gráfica Oberkampf, na França de fins do século XVIII, dispondo as mesas em fileiras. Ao passar por elas, o supervisor conseguia reduzir conversas e interações improdutivas entre os trabalhadores, e também comparar seu empenho, velocidade e qualidade de trabalho.

A vigilância produtiva de base fabril desenvolveu-se ainda mais durante a era do "gerenciamento científico", baseada no trabalho do engenheiro mecânico F. W. Taylor, e que floresceu na década de 1890 nos Estados Unidos. Separando a concepção da execução do trabalho e cronometrando a maneira mais rápida de concluir tarefas, Taylor sugeriu que essa abordagem científica permitiria que os empregadores estabelecessem normas de cargas de trabalho e maximizassem sua lucratividade (cf. fig. 8). Tais ideias de governança baseavam-se em modelos do corpo como motor cada vez mais influentes. O médico e físico alemão Hermann von Helmholtz, por exemplo, aplicou essa noção a máquinas e a humanos, incentivando estes últimos a serem vistos nos termos das primeiras. Mais uma vez, a maneira como o corpo é conceitualizado e valorado é moldada pelo contexto social em que o corpo é cultivado e gerido.

Figura 8 – As linhas de produção podem facilitar a vigilância sobre os trabalhadores.

A eugenia foi a outra área em que os esforços biopolíticos de aprimorar o capital humano mostraram-se particularmente promissores. "Eugenia" é um termo desenvolvido no início do século XX por Francis Galton, que aplicou a teoria da evolução de Darwin à ideia de aperfeiçoar a qualidade da futura raça humana. Essas ideias receberam apoio imediato, já que movimentos de "eficiência nacional" na Grã-Bretanha e nos Estados Unidos já se preocupavam com a aptidão reprodutiva e física da população. Problemas associados, por exemplo, à baixa qualidade dos recrutas do exército britânico (que travava a Guerra dos Bôeres no fim do século XIX) levaram à criação do Comitê da Deterioração Física da Raça.

O desenvolvimento de um movimento internacional de controle da natalidade foi claramente informado pelas teorias eugênicas. Uma das suas primeiras figuras influentes, a enfermeira obstétrica norte-americana Margaret Sanger argumentava antes da Primeira Guerra Mundial que a época moderna estava ameaçada por gravidezes indesejadas. Em um desdobramento correlato, a primeira clínica na Grã-Bretanha, fundada por Marie Stopes em 1921, autorizada a oferecer aconselhamento e produtos contraceptivos sem restrição legal, teve sua existência justificada pelo argumento de que apenas aqueles capazes de "agregar valor" à raça deveriam se tornar pais.

A crescente influência da eugenia evidenciava-se nos argumentos de David Lloyd George, primeiro-ministro britânico de 1916 a 1922, que sintetizou as amplas preocupações com a "degeneração da linhagem racial" afirmando que não era possível administrar um Império A1 com uma população C3. A eugenia tornou-se até uma disciplina acadêmica em muitas universidades e, apenas na Grã-Bretanha, tinha como apoiadores o economista John Maynard Keynes, o zoólogo Julian Huxley e o psicólogo e pioneiro nos testes de QI para crianças em idade escolar Cyril Burt. As políticas eugênicas atingiram o auge no período entreguerras. Naquela época, a esterilização forçada de pacientes considerados portadores de transtornos mentais ocorria em vários países, entre os quais a Suécia, o Japão e o Canadá. Nos Estados Unidos, no raiar da Segunda Guerra Mundial, mais de 40 mil pessoas haviam sido esterilizadas de forma involuntária.

A popularidade da eugenia diminuiu após a descoberta dos campos de concentração na Alemanha nazista, fenômeno que demonstrou de forma extrema que a preocupação com a "saúde", "força" e "pureza" da população também pode associar-se com uma gestão sistemática da morte. Entretanto, políticas normativas e práticas projetadas para limitar o crescimento populacional e eliminar doenças e deficiências hereditárias de todos os tipos continuam sendo populares e controversas, e agora associadas a biotecnologias jamais sonhadas pelos eugenistas. Na China, por exemplo, até o fim do século XX ainda era legalmente proibido a procriação entre portadores de uma série de condições hereditárias.

Os dois exemplos de biopolítica examinados nesta seção – a vigilância produtiva em prisões e fábricas e as estratégias eugênicas para o "aprimoramento racial" – controlam aspectos distintos da corporeidade. Enquanto a ênfase no capital humano concerne ao controle e ao comportamento produtivo da população *atual*, o foco nas atividades reprodutivas pretende aumentar a qualidade e o valor das gerações *futuras*. Os corpos aqui são vistos de maneira bastante diferente e estão relacionados a objetivos políticos muito distintos. Porém, o filósofo político italiano Giorgio Agamben sugere que eles também convergem em certos aspectos vitais.

Para Agamben, com efeito, o próprio desenvolvimento da biopolítica representa um afastamento da preocupação política com a ação nobre e as concepções de "bem-viver" características da pólis na Grécia antiga. Ao contrário, trata-se de uma tendência voltada para a preocupação com o que ele chama de "vida nua", ou seja, os simples fatos da vida, comuns a todos os grupos. São esses processos de vida básicos que cada vez mais preocupam os estados, segundo Agamben. Processos relevantes enquanto são vistos como afins às noções de produtividade, de habilidade e de deficiência, e condenados pelos críticos por terem tornado irrelevante o reino genuinamente político. Além disso, o alcance e a diversificação das diretrizes [*policies*] biopolíticas concernidas à vida nua têm aumentado nos campos da seguridade e da medicina, levantando novamente questões sobre o que é o corpo e como ele é relevante para a governança da sociedade.

Governança contemporânea

Explorando as mudanças na biopolítica no próprio século XX, Foucault argumentou que o rápido desenvolvimento do capitalismo estava associado inicialmente a regimes disciplinares relativamente "pesados, ponderosos, meticulosos e constantes" de escolas, hospitais, quartéis, fábricas e famílias. No entanto, à medida que o século XX foi avançando, o controle passou a ser exercido por técnicas mais sofisticadas. No crescimento da cultura do consumo na segunda metade do século XX, por exemplo, Foucault encontra evidências de um "novo modo de investimento que se apresenta não mais na forma de controle por repressão, mas na de controle por estimulação. 'Dispa-se – mas seja magro, bonito e bronzeado'".

Apesar da ênfase de Foucault no controle por meio de estimulação produtiva, ambas as formas de controle e regulação corporal, tanto as coercitivas quanto as mais suaves, continuam claramente a existir. Isso é evidente quando exploramos os variados efeitos das formas contemporâneas de vigilância (mobilizadas cada vez mais para fins de seguridade nacional) sobre diferentes grupos de pessoas.

Seguridade e biopolítica

As técnicas de vigilância sistemática, antecipadas pela ideia de panóptico, sofreram uma expansão maciça nos Estados Unidos após a administração Bush anunciar uma "Guerra ao terror" imediatamente após os ataques terroristas de 11 de setembro. Desde então, a Central Intelligence Agency – CIA, a National Security Agency – NSA, o Department of Homeland Security, o Federal Bureau of Investigation – FBI e uma série de outras organizações estatais e quase-estatais receberam bilhões de dólares de financiamento público, o que lhes permitiu observar, rastrear e registrar os traços de dados deixados por pessoas dentro e fora dos Estados Unidos.

Esses projetos são complementados por "centros de fusão", que reúnem e compartilham a enorme quantidade de informações coletadas por essas agências: a extensão dessas atividades é tamanha que as atividades de espionagem dos Estados Unidos coletam e armazenam mais de 200 milhões de mensagens de texto por dia em todo o mundo. Embora tais projetos e programas sejam ostensivamente direcionados a terroristas ou outros "inimigos do Estado", a dificuldade de saber quem representa ou pode representar uma ameaça supõe uma varredura tão ampla que inclui quase todos, e não exclui, em princípio, ninguém.

A amplitude e o nível em que tal vigilância opera têm gerado muita controvérsia. Em 2014, houve um escândalo envolvendo figuras influentes quando se tornou público que os Estados Unidos interceptavam conversas telefônicas tanto de seus inimigos quanto de seus aliados. Num plano mais geral, defensores dos direitos civis têm denunciado a perda de privacidade associada a esses níveis de vigilância. Independentemente de sua localização geográfica ou identidade nacional, cada vez que alguém se conecta à internet, realiza uma transação bancária, usa um cartão de crédito, cruza alguma fronteira, faz uma ligação telefônica ou declara o imposto de renda, está potencialmente deixando um rastro eletrônico de atividades que implica o registro digital de sua existência e atividades corporalizadas.

O monitoramento rotineiro de dados pode não se tornar mais do que isso para a grande maioria das pessoas – cresce a quantidade de pessoas que se acostumaram ao exame de seus corpos por métodos como escaneamento de retina em aeroportos, cartão de identificação em escolas e até mesmo escaneamento da geometria da mão em creches e asilos. Aqueles identificados por atividades de vigilância como ameaças ou potenciais ameaças à segurança podem se considerar como destinatários das formas "pesadas" e coercitivas do controle. As infames rendições ocorridas durante a "Guerra ao terror", por exemplo, envolviam o deslocamento à força de suspeitos para nações que permitiam formas de interrogatório legalmente proibidas em seus países de domicílio. Essa situação assumiu um aspecto ainda mais perturbador com a publicação do relatório de 2014 do Senado sobre técnicas de interrogatório/tortura da CIA – técnicas que se inscrevem diretamente nos corpos dos suspeitos, infligindo estresse físico e tormento psíquico extremos. Se a vigilância nos engolfa cada vez mais, ela afeta diferentes categorias de pessoas de maneiras muito distintas.

Os diversos modos que a vigilância afeta pessoas classificadas diferentemente também são evidentes em grupos sociais que se veem alvo de monitoramento. O simples volume de dados coletados pelas agências de segurança nacional é muito grande para ser triado manualmente, donde a frequente dependência de softwares e dispositivos de reconhecimento orientados para a detecção de riscos que caracteriza as operações de vigilância. No entanto, as decisões humanas que informam esses programas não são neutras, concentrando seu olhar sobre certos grupos (em oposição a ações). No caso do circuito interno de televisão (CCTV) [Closed Circuit Television], por exemplo, pesquisas no Reino Unido e nos Estados Unidos sugerem que os critérios que informam a seleção de alvos incidem de forma desproporcional sobre homens negros.

A vigilância dos corpos não é em si algo novo: como Foucault observou, há muito tempo ela constitui um método de "normalização" em prisões, escolas e fábricas. Também vale ressaltar que o sistema de vigilância mais ambicioso e extenso da segunda metade do século XX não se encontrava na América capitalista, mas sim na Alemanha Oriental comunista. Ali, o aparato estatal não visava apenas impedir atos subversivos, mas também exercer controle a um nível micro sobre atividades, pensamentos e desejos, a fim de garantir que dissidências ou desordens jamais ocorressem. No entanto, ainda que não tenham sido tão extensas as operações de vigilância no Ocidente capitalista de então, elas têm experimentado um crescimento sem precedentes desde o colapso do comunismo.

Durante a década de 1990, no Reino Unido, houve um grande aumento no número de câmeras de circuito fechado (CCTV) como resposta às bombas detonadas na grande ilha pelo Exército Republicano Irlandês [1RA]. O propósito era observar o movimento de corpos através dos espaços urbanos na tentativa de identificar indivíduos ou pacotes suspeitos. A mobilização de informantes e agentes infiltrados o complementou – tática cada vez mais utilizada visando a *qualquer* grupo considerado "inimigo do Estado". Um caso recente no Reino Unido envolveu um policial infiltrado que foi por anos companheiro da mulher que investigava. Embora os representantes da polícia o pintassem de "policial desertor", ficou claro que essa era uma metodologia de vigilância básica, já presente em casos em que policiais tiveram filhos com os/as próprios/as investigados/as. Contribuir para a reprodução da população enquanto busca regular as ações de grupos específicos pode ser algo raro, mas ilustra as consequências não intencionais que podem decorrer de certas tentativas de resolver o que Bryan Turner identifica como o núcleo dos problemas corporais associados à governança.

Embora a infiltração constitua um meio de vigilância que depende de agentes atravessando as fronteiras que separam os membros "legítimos" dos membros "ilegítimos" de uma nação, a maioria das operações de vigilância procura fortalecer as fronteiras que existem entre esses corpos. A existência de passaportes, cartões de identidade, dispositivos de reconhecimento de íris, impressões digitais e voz evidência isso, bem como a coleta de outros dados corporais com o fim de escrutinar e monitorar a identidade física – todos agora recursos básicos no controle de fronteiras. Um dos primeiros usos de dados biométricos para a proteção de fronteiras ocorreu no início da década de 1980 ao longo da fronteira mexicano- -americana com o propósito de reduzir o fluxo de drogas. A União Europeia também desenvolveu sistemas biométricos no fim da década de 1990 para permitir que os requerentes de asilo político fossem identificados e autenticados. Como sugere a pesquisadora de estudos culturais Ann Davis, o corpo é aqui tratado como uma senha.

Se a vigilância opera para destacar e assegurar as fronteiras entre corpos legítimos e ilegítimos, ela também faz o mesmo com os lugares e espaços "aceitáveis" e "inaceitáveis" acessíveis pelos sujeitos corporalizados, incluindo as fronteiras da internet. Na China, por exemplo, o Golden Shield Project censura conteúdos da web que podem ser acessados por indivíduos, e a Coreia do Norte adotou uma política ainda mais restritiva quanto ao acesso à internet. A maioria das democracias liberais proscreve, tornando-os ilegais, certos conteúdos violentos e/ou pornográficos na internet, e mensagens abusivas ou ameaçadoras também podem infringir a lei. Todos esses meios de escrutinar e proscrever movimentos e atividades corporais mediados – quer os avaliemos como opressores ou não – exigem altos níveis de deliberação, reflexividade e planejamento por parte das seguridades estatais. Eles envolvem sujeitos corporalizados sendo conceitualizados e apreendidos de maneiras específicas, e assumindo um valor específico para aqueles que detêm o poder de governá-los.

No entanto, seria errado pensar que a vigilância é uma prerrogativa exclusiva da governança central. Filmagens ocultas são usadas por pais como meio de coletar evidências sobre a qualidade do serviço oferecido a seus filhos por cuidadores, por exemplo, e também como um modo de checagem do tratamento destinado a parentes idosos em casas de repouso. As câmeras de capacete estão se tornando cada vez mais populares entre ciclistas como uma forma de registrar evidências de direção perigosa. Em outros lugares, smartphones, iPads e outros tablets têm sido usados rotineiramente por manifestantes para registrar e prevenir a intimidação e a violência policial.

Distante de tais exemplos de "contravigilância" é a tendência em direção à *auto*vigilância. A dieta envolve a contagem de calorias e a monitoração do indivíduo pela atividade ritual de registar o peso (às vezes em grupos dedicados de "vigilantes do peso"). O exercício tornou-se uma atividade cuidadosamente monitorada, muito distante das incertezas e dos caprichos de um jogo: é assistido por aplicativos que medem a distância percorrida e as calorias queimadas, por horários de treino que registram o progresso em termos de séries e repetições e por podômetros dos participantes de "caminhadas *fitness* para adultos mais velhos". Isso não é imposto por outrem, é abraçado por indivíduos ansiosos por colocar seus corpos sob escrutínio e medir o seu próprio progresso em relação às normas do seu grupo de pares ou alguma outra coorte. Essa autovigilância atingiu seu ápice no movimento do "eu-quantificado" [*quantified-self*]. Esse movimento é composto por um número crescente de indivíduos dedicados a registrar suas vidas por meio de tecnologias que rastreiam tudo, desde seu humor até o consumo de alimentos e o desempenho em uma série de atividades diárias.

Se os indivíduos têm empregado o autoescrutínio como meio de disciplinar seus próprios desejos e ações corporais, a vigilância também foi se tornando cada vez mais uma forma de entretenimento. Já não nos reunimos para ver execuções públicas – embora vídeos postados pelo Estado Islâmico e outros grupos islâmicos extremos ainda permitam testemunhar tais espetáculos –, mas *reality-shows* de televisão como *Big Brother*, *Survivor*, *America's next top model* e *Nanny 911* tornaram-se itens básicos nas programações das redes de televisão no decorrer das últimas décadas. Esses programas facultam aos telespectadores o acesso às ações, conversas e humilhações dos participantes. Eles contribuem para a sensação de que a vigilância não é mais uma prerrogativa de uma governança central, e parecem ter sido adotados pela sociedade como um todo: as experiências, expressões e ações de sujeitos corporalizados nunca foram tão extensiva e intensivamente registradas e observadas.

Governando processos da vida

No caso da vigilância de seguridade, o tratamento do corpo em termos de dados ou informações que são dele extraídos pode estar associado a técnicas governamentais que ensejam intervenções "pesadas" em indivíduos suspeitos, bem como a técnicas mais "suaves" e mais "produtivas" como as do movimento do eu-quantificado. Para o sociólogo Nikolas Rose, no entanto, esta última tendência de escrutinar os menores detalhes da presença e atividade corporal também implica uma mudança mais ampla no nível em que a governança *médica* opera sobre o corpo.

Rose reconhece que o corpo "como um todo" – o foco da medicina clínica no século XIX e no início do século XX – pode continuar sendo a base a partir da qual a maioria das pessoas tende a experimentar, imaginar e agir sobre seus corpos. No entanto, complementando o escrutínio dos rastros de dados deixados pelas mínimas ações tecnologicamente mediadas de indivíduos, temos também uma preocupação no nível micro com a capacidade da ciência de gerir, regular e engenhar a "vida ela mesma". Assim, avanços na pesquisa biológica decorrentes do mapeamento do genoma humano contribuem cada vez mais para uma concepção da corporeidade como algo que pode ser controlado por meio do monitoramento e manipulação de seus processos mais elementares. A capacidade de identificar variações de base única no código genético de indivíduos (as pequenas diferenças que existem entre o DNA das pessoas), por exemplo, acena com a promessa de avaliar o risco individual em relação ao câncer e doenças cardiovasculares, e de desenvolver medicamentos totalmente personalizados.

Essa abordagem ativa à gestão dos microprocessos de nossa biologia encontra eco na sugestão feita por pesquisas contemporâneas em neurociência de que a "plasticidade" cerebral torna possível que indivíduos aumentem sua criatividade e concentração e evitem pensamentos negativos que podem levar a quadros de depressão ou à baixa produtividade em seus papéis sociais e profissionais. Riscos genéticos ou neurológicos não são mais problemas a serem respondidos com políticas eugênicas "pesadas", mas objeto de intervenções construtivas e "positivas" de terapias genéticas, treinamentos cognitivos e mudanças gerais no estilo de vida.

Tais oportunidades contêm em potência a promessa de se atingir graus de controle de si sem precedentes na história, mas também aplicam nos sujeitos corporalizados uma considerável carga de responsabilidade e autogovernança. O recente aumento na visibilização das noções de cidadania biológica e cidadania neurológica, por exemplo, contém a implicação de que as pessoas precisam monitorar, avaliar e trabalhar a si próprias tendo como guia o conhecimento especializado dos "fatos recebidos" da ciência e da medicina. Saber suas chances de herdar doenças específicas, e estar ciente dos riscos associados às escolhas de estilo de vida quanto à dieta, prática de exercícios e consumo de álcool, pode transformar os indivíduos no que o antropólogo Kaushik Sunder chama de "pacientes em espera". O paciente em espera governa a si mesmo a partir de um paradigma médico que enfatiza o valor econômico da saúde física e mental para o indivíduo, para o serviço de saúde e para a produtividade nacional.

Se essas noções de autogovernança médica preponderarem ainda mais, elas colocarão desafios àqueles que estão envelhecendo em uma época em que envelhecer muito longe do ideal de juventude é visto como algo parecido com uma doença. Elas também levantam a preocupação com o tratamento de indivíduos que lutam para lidar com deficiências físicas e mentais significativas e que simplesmente não conseguem gerir sua condição sem a ajuda regular de outros. Há também uma pressão sobre mulheres grávidas, cada vez mais sendo vistas como agentes de "escolhas responsáveis" no campo da genética reprodutiva. Tomar uma decisão consciente de não fazer testes pré-natais para anormalidades é muito diferente de não haver a tecnologia que permitiria tais testes antes de mais nada, e os problemas relativos à responsabilização são enormes se essa decisão resultar no nascimento de uma criança com deficiências graves. O pesquisador em estudos de deficiência Tom Shakespeare aponta que essa situação tem sido associada à noção de "escolha parental irresponsável" e argumenta que suas consequências podem ser consideradas uma "forma fraca de eugenia". Mais amplamente, no limite, as noções de "cidadania biológica" e de "paciente em espera" colocam pressão sobre todos e cada um dos indivíduos corporalizados. Independentemente de quão fortes, aptos, saudáveis ou autônomos os indivíduos possam se sentir, nossa existência mesma como seres físicos interdependentes concerne a todos que vivem tempo suficiente com as limitações e fragilidades associadas a ser humano.

A autogovernança, que tem sido associada a esse foco nos microprocessos da própria vida, pode ser uma forma "positiva" de controle nos termos de Foucault. Porém, ela também acena para a possibilidade de as pessoas se tornarem cada vez mais preocupadas com a "vida nua" e de estados se afastarem ainda mais dos princípios de disponibilização universal de saúde. A capacidade de indivíduos e organizações de amealhar conhecimento no nível micro da corporeidade também tem implicações para os seguros de saúde e as políticas sociais. Se for facultado às seguradoras acesso aos perfis biológicos e neurológicos das pessoas, existe a possibilidade de que indivíduos tenham a cobertura recusada ou que a recebam apenas nas formas mais desiguais. Esse é um problema controverso em sistemas de saúde de todo o mundo. Em um movimento correlato, a quantidade de testes genéticos de funcionários e de potenciais empregados aumentou rapidamente nos Estados Unidos durante os anos 1980. Embora Wisconsin tenha se tornado em 1992 o primeiro estado norte-americano a proibir a discriminação genética no emprego e nos seguros, a aceitação futura da autogovernança médica pode muito bem considerar essas questões abertas a um escrutínio renovado.

Finalmente, enquanto estudiosos como Rose procuram entender como o aumento do conhecimento dos microprocessos da vida pode contribuir para a autogovernança, o sociólogo e bioeticista Troy Duster demonstrou como a pesquisa genômica tem sido acompanhada por uma tendência dos cientistas a se envolver na prática logicamente duvidosa de associar herança molecular com ascendência racial. A tecnologia atual não é capaz de rastrear partes significativas de nossa configuração genética. Apesar disso, os cientistas frequentemente reintroduzem categorias raciais obtusas nas avaliações da composição molecular dos seres humanos. Tudo isso ameaça a criar novas formas de racismo, que podem ressuscitar justificativas anteriores para desigualdades sociais baseadas em diferenças corpóreas.

O Estado, a vida e a seguridade

É possível que a vigilância de corpos inteiros e de rastros de dados com objetivos securitários e as crescentes tentativas de controlar os processos da vida no nível molecular pareçam representar níveis radicalmente diferentes de governança. Enquanto a primeira tem sido associada à proteção dos privilégios pós-coloniais de norte-americanos e europeus por meio do estabelecimento de "fortalezas" continentais, as últimas têm sido associadas (ao menos para as perspectivas mais otimistas) a uma política de esperança para a humanidade.

Nas últimas duas décadas, no entanto, o clima de ameaça de ataques terroristas com armas biológicas aproximou essas formas de biopolítica. A política de defesa dos Estados Unidos é um exemplo disso. Pouco depois do início da "Guerra ao terror" e dos ataques de antraz que se seguiram ao 11 de setembro, a administração Bush pôs em ação uma estratégia nacional de defesa contra ameaças biológicas. Preocupado em proteger as pessoas contra ameaças de dimensões moleculares, o Congresso norte-americano aprovou no mesmo ano patamares sem precedentes de financiamento para o armazenamento de vacinas. Os Centros de Controle e Prevenção de Doenças dos Estados Unidos estão preocupados não apenas com questões gerais relacionadas à saúde pública, mas também com a identificação de agentes de bioterrorismo, e a Agência de Projetos de Pesquisa Avançada de Defesa do Pentágono (Darpa [Defense Advanced Research Projects Agency]) concebe as doenças infecciosas em termos de seu potencial de ameaçar a seguridade.

Como argumenta a pesquisadora em estudos da ciência e tecnologia Melinda Cooper, a "Guerra ao terror" tomou um rumo biológico, e os blocos de construção moleculares anteriormente identificados como auxiliares à saúde e à revitalização da vida corporalizada agora também são vistos como tendo o potencial de ameaçar e destruir indivíduos e populações. Ironicamente, vemos aqui processos biológicos microscópicos se voltando contra o indivíduo corporalizado como um todo. O medo de que agentes biológicos perigosos possam ser introduzidos invisivelmente através de fronteiras aparentemente seguras, sofrer mutações interespecíficas e infectar seres humanos, levou à quase dissolução das fronteiras entre a saúde pública e o bioterrorismo. Para o filósofo político italiano Giorgio Agamben, esse desdobramento pode ser visto como mais um passo na redução da biopolítica aos problemas da vida nua – os processos elementares da vida ela mesma.

A biopolítica está viva e passa bem na atual era de governança, mas a concepção do corpo à qual ela está associada sofreu mudanças significativas. O foco medieval no corpo morto do criminoso foi substituído por uma preocupação da primeira modernidade com o gerenciamento de populações diferenciadas. No entanto, a importância de traçar e rastrear vestígios de dados e tentar manipular o corpo em seu nível molecular resultou em uma outra virada para o que está envolvido na gestão do "problema" do corpo. As formas contrastantes de controle exercidas sobre os sujeitos corporalizados trazem à tona maneiras muito diferentes de entender e valorar o corpo e servem para complicar ainda mais qualquer resposta simples à pergunta – "O que é o corpo?"

5
Corpos como mercadorias

Corpos têm sido conceitualizados e valorados de diversas maneiras em diferentes culturas. Historicamente, eles têm sido vistos como recursos a serem possuídos e comercializados desde o desenvolvimento da escravização nas civilizações antigas de todo o mundo. Nas últimas décadas, no entanto, observou-se uma multiplicação de métodos que contribuíram para implicar em transações de mercado a aparência física, os órgãos e a carne de vivos e de mortos.

Para entender por que esses processos se tornaram cada vez mais difundidos, os escritos do filósofo e economista radical Karl Marx são úteis. Marx insistiu que o capitalismo exigia uma classe de trabalhadores formalmente *livres*, capazes de vender sua força de trabalho para qualquer empregador que desejassem. Ele também argumentou que, em sociedades dominadas pelo lucro, a apreciação de seus próprios sentidos, das outras pessoas e do mundo ao redor girava em torno de questões de quem *possuía* o quê. Essas tendências foram exacerbadas por crises econômicas que exerceram pressões decrescentes sobre salários e reduziram cada vez mais a vida humana e a natureza a meros meios para a produção de valor. Essas condições ajudam a explicar por que a distinção entre sujeitos corporalizados e mercadorias foi ficando cada vez mais borrada. Com efeito, no início do século XXI, as consequências de corpos submetidos a processos de mercado foram experimentadas globalmente de forma cada vez mais intensa em todos os setores da sociedade. Entre os mais privilegiados, essa mercadorização se evidenciava nas várias maneiras pelas quais as pessoas buscavam voluntariamente cultivar sua aparência com o propósito de melhorar sua posição no mercado de trabalho ou em relacionamentos pessoais. A carne aqui se torna uma forma de capital físico que pode ser utilizada visando a benefícios econômicos. Entre aqueles privados dos benefícios do capitalismo global, no entanto, a mercadorização dos corpos envolveu também a venda brutal e compulsória de mulheres e crianças para a indústria do sexo. Nesses casos, os sujeitos corporalizados são reduzidos a recursos escravizados dos quais se pode extrair lucros futuros.

Se indivíduos corporalizados como um todo indiviso são às vezes reduzidos ao *status* de mercadoria, avanços na ciência também têm facilitado a expansão gigantesca do comércio internacional de *processos* e *partes* do corpo. O tráfico de órgãos tornou-se um problema internacional, e a exploração biotecnológica do DNA associou-se a potenciais avanços médicos, atraindo investimentos de capital de bilhões de dólares. Comprometidos de forma voluntária ou involuntária, envolvendo o indivíduo como um todo ou suas partes, os corpos jamais estiveram tão múltipla e completamente imiscuídos nos circuitos de valores financeiros.

Podemos compreender a crescente comercialização do nosso eu corporalizado derivada de desenvolvimentos econômicos contemporâneos como um fator que erode ou transforma o que significa ser um sujeito corporalizado e que destaca a incerteza sobre o que constitui um corpo. Apesar de tudo, as diversas maneiras nas quais os corpos têm sido vistos como objetos e recursos a ser comerciados para a obtenção de lucro não existem sem a oposição e os contradesenvolvimentos associados aos modos muito diferentes de valorar o corpo.

Marketing da aparência

Em inícios do século XXI, já havia se tornado rotina em corporações multinacionais e negócios locais exigir dos funcionários que corporalizassem uma determinada aparência, representativa da imagem ou marca da companhia. Minimamente, isso significa exigir que eles se vistam de um modo particular e projetem determinadas impressões emocionais – associadas a imagens de autoridade, competência, animação e cuidado – a colegas, clientes e fregueses. Tais exigências não são novidade (tendo sido padrão desde a segunda metade do século XX para uma série de posições no setor de serviços), apesar de sua recente extensão até empregos malremunerados em franquias de café e outros centros varejistas de zonas comerciais.

A quantidade e a qualidade desse trabalho corporal e emocional exigidas de funcionários nas décadas recentes tornou-se um importante tema de debates acadêmicos. O livro da colunista e socióloga Barbara Ehrenreich, *Fear of falling* (1989), que trata da vida profissional estadunidense, reflete esses debates. Ehrenreich descreve em detalhe a crescente ênfase em possuir um corpo mercantilizável no mercado de trabalho. Ela também sugeriu que esse desdobramento levou as classes médias profissionais a refletir sobre e escrutinar seus corpos face as demandas ascéticas do ambiente de trabalho, desenvolvendo (por meio de exercícios, dietas, abstinência de álcool e tabaco) uma forma de disciplina física associada à manutenção de uma aparência jovial que lhes proporciona uma vantagem em relação a seus pares.

Esse receio de parecer insuficientemente jovem para manter seu *status* no trabalho, salvo engano, intensificou-se desde as observações de Ehrenreich. No Vale do Silício, por exemplo, os negócios são prósperos para cirurgiões plásticos, que relatam um crescente uso de Botox e de outros procedimentos "antienvelhecimento" entre trabalhadores do sexo masculino na casa dos trinta anos. As mulheres há muito tempo estão sujeitas a tais pressões e, há décadas, usam técnicas e operações cosméticas na tentativa de entrar novamente ou permanecer no mercado de trabalho, mas essas demandas se intensificaram concomitantemente à extensão dos meios tecnológicos disponíveis para concretizá-las. Na Califórnia, as denúncias de discriminação etária têm sido mais frequentes do que as queixas de discriminação racial ou de gênero. Ser pego em posse de um corpo que tem um valor de mercado em declínio pode, com efeito, levar à perda do emprego.

O dispêndio de trabalho corporal para manter ou ganhar uma aparência mercantilizável não se restringe apenas aos Estados Unidos ou à Europa, mas tem se tornado cada vez mais global. Pesquisas sobre cirurgia estética na Coreia do Sul, por exemplo, documentaram taxas particularmente altas de tratamento invasivo entre homens e mulheres. Em 2008, pelo menos 20% dos coreanos passaram por algum tipo de tratamento cosmético. Longe de ser apenas uma tentativa de parecer mais ocidental, esse trabalho corporal se volta para o cultivo do que é idealizado como o visual coreano "natural", em sincronia com a juventude e o alto *status* social. Em um país com altas taxas de educação superior e pós-graduação, a aparência pode ser uma variável importante para garantir um bom emprego.

O valor mercantilizável da aparência não se restringe apenas ao mercado de trabalho na Coreia, mas também se estende ao sucesso ou fracasso dos coreanos no campo dos relacionamentos íntimos e do casamento. Aqui, o rosto e o corpo se tornam marcadores de valor que podem ajudar os indivíduos a aumentar suas chances de obter um parceiro bem-sucedido e atraente. Uma vez garantido, esse parceiro pode, além disso, tornar-se um símbolo de *status* e um ativo na navegação nos meios sociais associados ao ganho de popularidade e à ascensão na carreira.

Ao comentar a crescente e infusa importância da aparência como portadora e veículo de valor nas sociedades capitalistas, o sociólogo francês Pierre Bourdieu sugeria que o cultivo de posturas, gostos, maneiras e modos de expressão se tornou marcador de classe social e *status*. Bourdieu se concentrou predominantemente na relação do corpo com o que ele denomina de "busca pela distinção" no contexto francês, mas sua análise estabelece firmemente sua importância para as chances de sucesso de membros de *qualquer* sociedade de mercado. Com efeito, para Bourdieu, a aparência visual e outras impressões "emitidas" pelo corpo são essenciais para a capacidade das pessoas de acumular valor *por entre* as diversas dimensões da vida social e econômica. Nesse contexto, se as pessoas estão cada vez mais tratando seus corpos como projetos (como sugerimos em capítulos anteriores), elas são encorajadas a fazê-lo em relação à crescente mercantilização da vida. Se a aparência tem cada vez mais se submetido a essas pressões baseadas no mercado, o mesmo ocorre com outros aspectos da corporeidade.

Medicalizando corpos por lucro

A preocupação com a aparência como meio de aumentar o valor do indivíduo no trabalho, casamento e em outras áreas da vida cresceu nas últimas décadas, especialmente entre aqueles que possuem os meios de tratar seus próprios corpos como projetos. Entretanto, esse período também propiciou avanços científicos no campo dos blocos elementares de construção da própria vida. Esses desdobramentos têm estimulado intervenções comerciais muito mais profundas no nível molecular do ser corpóreo das pessoas.

No fim da década de 1970 e início da de 1980 avanços na tecnologia do DNA recombinante – que facilitou o isolamento e o combinação de moléculas de DNA em laboratório, permitindo que os cientistas editassem, recombinassem, transplantassem e produzissem materiais genéticos ou outros materiais vivos – estimularam o desenvolvimento da indústria biotecnológica. Simbolizados pelo lançamento público da empresa Genotech na bolsa de valores de Wall Street em 1980, a socióloga Catherine Waldby sugere que tais eventos refletem a importância crescente do *biovalor*. Num sentido amplo, o biovalor refere-se a processos que permitem a exploração do material corpóreo para o desenvolvimento de produtos médicos e outros produtos.

É na medicina que essa comercialização de corpos tem o maior potencial para o acúmulo de lucros. As mínimas variações existentes entre a configuração genética das pessoas significam que alguns indivíduos são mais vulneráveis do que outros a determinadas doenças, como câncer de pulmão ou transtornos cardiovasculares, e a promessa da chamada pesquisa "farmacogenômica" tem sido associada a uma potencial revolução nos cuidados com a saúde. A promessa de tais desenvolvimentos era tal que o investimento de capital nessas novas tecnologias cresceu rapidamente na década de 1990.

A pesquisa biotecnológica orientada para inovações futuras não é, contudo, o único modo de "minerar" nossos corpos em busca de valor na área da medicina. Em seu livro *Drugs for Life* (2012), o antropólogo da medicina Joseph Dumit observa que ao norte-americano médio são prescritas entre nove e treze receitas médicas por ano, e que somente em 2011 essa soma chegou a mais de quatro bilhões de receitas. Para as companhias farmacêuticas, pacientes que não estão tomando remédios são considerados como "perda de receitas".

Nesse contexto, as tentativas da indústria farmacêutica de persuadir as pessoas a gastar seu dinheiro no que Dumit denomina de "mais-saúde" tornam-se um importante meio para a manutenção e o aumento da lucratividade. Em áreas tão diversas quanto desempenho sexual, humor e emoções e perda de peso, companhias multinacionais introduzem mais drogas no mercado e investem grandes quantidades de dinheiro em promovê-las para médicos e em vendê-las para "hipocondríacos" e aqueles que buscam "viver a vida em toda a sua inteireza". O cansaço e a tristeza cotidianos e prosaicos transformaram-se em disfunções sexuais e transtornos depressivos prontos para serem tratados medicamente, enquanto o excesso de flacidez ou mesmo o próprio apetite tornaram-se indicadores de obesidade atual ou potencial a ser tratada por drogas de redução do apetite.

Pesquisas de desenvolvimento de novos medicamentos e a exploração contínua dos medicamentos existentes em um mercado global cada vez maior levantam a questão da "propriedade" das informações fornecidas por nosso DNA e nossa configuração genética visando ao lucro. A introdução de novos medicamentos no mercado requer um investimento significativo – experimentos tornam-se ensaios clínicos e depois passam a ser comercializados como produtos, sendo as patentes que protegem invenções e avanços cruciais nesse processo. Thomas Jefferson promulgou a primeira lei norte-americana de patentes em 1793, possibilitando que os lucros tivessem uma base legal segura para a invenção e desenvolvimento de maquinarias. Mais geralmente, e bem mais recentemente, o acordo sobre Aspectos dos Direitos de Propriedade Intelectual Relacionados com o Comércio (Trips [Trade Related Aspects of Intellectual Property Rights]) consistiu no mais abrangente tratado internacional sobre propriedade intelectual do século XX. Posto em vigência em 1994 e administrado pela Organização Mundial do Comércio, o Trips provê uma base global sobre a qual as empresas podem auferir lucros de novos produtos, incluindo medicamentos.

Acordos internacionais como esse têm incentivado empresas e indivíduos a patentear produtos de pesquisas biotecnológicas como o DNA e, a bem-dizer, o genoma humano. À medida que os corpos se tornam "conhecíveis" e podem ser entendidos a partir de informações e fórmulas que remetem ao DNA, a propriedade de patentes que contempla o trabalho intelectual levanta questões sobre a condição de propriedade e a comercialização de processos vitais corporais. Em 1991, mesmo antes da instigação do acordo Trips, o cientista e empresário Craig Venter reivindicou proteção por patente de genes encontrados no cérebro humano. Desde então, vários sistemas legais e estados têm participado de decisões e debates ainda em curso sobre os limites de se considerar os blocos elementares de construção da própria vida humana como mercadorias que podem ser apropriadas e exploradas para fins lucrativos.

Tentativas de explorar comercialmente processos básicos da vida levantam questões não apenas sobre a mercadorização dos corpos em geral, mas também sobre quem ganha e quem perde com tais desenvolvimentos globais. Alguns estados-nação têm exigido acordos comerciais antes de permitir a exploração de amostras de DNA e as pesquisas genéticas, ou têm simplesmente impedido esse processo, mobilizando o que tem sido chamado de "biossoberania".

Apesar dessas afirmações do controle nacional, são empresas multinacionais que dominam a produção de conhecimento explorável no nível molecular do ser humano. Isso envolve muitas vezes pesquisadores em biotecnologia coletando amostras e dados de populações locais ao redor do mundo, mesmo que muitos desses indivíduos jamais conseguirão pagar pelos medicamentos produzidos a partir dessas pesquisas. Da mesma forma, os riscos enfrentados por aqueles que participam de testes clínicos não são distribuídos proporcionalmente entre ricos e pobres. Particularmente desde a década de 1990, os Estados Unidos terceirizaram os testes clínicos para a Índia e outros países em desvantagem devido às desigualdades embutidas nos padrões de desenvolvimento econômico global.

Tráfico de partes do corpo

Preocupações com a relação entre desigualdades globais e a comercialização médica de corpos não se limitam a ensaios e testes clínicos. Em 2011, a revista acadêmica *Body & Society* publicou um número duplo que se concentrou no que Nancy Scheper-Hughes chamou de "turismo de transplantes" ou "tráfico de transplantes". Embora muitas dessas práticas sejam ilegais, elas constituem "uma indústria criminosa global de bilhões de dólares envolvida com o transplante de rins (e metades de fígados) de doadores vivos e mortos para [...] pacientes muito doentes, ricos ou amparados por seguros de saúde".

Entre os antecedentes históricos do tráfico de transplantes, temos os furtos de sepulturas nos Estados Unidos e Reino Unido por ladrões que depois vendiam os cadáveres para escolas de medicina para serem dissecados. Mais recentemente, ocorreram casos que vão desde a coleta ilegal de tecido epitelial e órgãos de cadáveres em casas funerárias de Nova York até o sequestro de crianças mexicanas com o propósito de transplantar seus órgãos em crianças norte-americanas. Este último caso, um dos mais conhecidos, envolveu clínicas localizadas na fronteira entre o México e os Estados Unidos e dezenas de médicos mexicanos e outros cúmplices.

O comércio de órgãos não se limita a poucos países. O "turismo de transplantes" organizado desenvolveu-se no Oriente Médio durante a década de 1970, quando pacientes viajavam para a Índia e, posteriormente (após problemas com órgãos infectados e doentes), para hospitais particulares nas Filipinas no intuito de comprar rins. Na Europa, a Moldávia e a Ucrânia são atualmente o lar de um grande número de doadores dispostos a vender seus órgãos, e a Turquia é o país onde se realiza a maioria das operações clandestinas. Em outros lugares, vendedores de rins brasileiros viajam para a África do Sul para fazer negócios com israelenses, e os níveis atuais de venda de rins em certas áreas da Índia são muito altos, tendo uma pesquisa relatado que cerca de 10% das residências de determinadas localidades continham ao menos um membro que havia vendido um rim.

O tráfico de órgãos é possível devido à extrema pobreza e dela depende. A grande maioria das pessoas que vendem um de seus rins o faz formalmente por escolha, mas suas decisões são tomadas no contexto de uma busca por um padrão de vida tolerável para si e para suas famílias. Na Moldávia, por exemplo, aproximadamente um quarto de seus 4 milhões de habitantes deixou o país tentando encontrar trabalho. Circunstâncias como essas representam para os intermediários ou "corretores de órgãos" um contexto fértil para promover o encontro entre vendedores prontos e pacientes estrangeiros ricos. As decisões de vender órgãos não são, no entanto, tomadas apenas em condições de extrema pobreza, mas também são frequentemente acompanhadas de ignorância sobre os problemas pós-operatórios e os efeitos a longo prazo que podem ocorrer à saúde de doadores sem acesso a cuidados médicos de qualidade.

O comércio de órgãos também possui às vezes um aspecto mais diretamente coercivo. Como relata a etnóloga Susanne Lundin, houve casos de homens moldavos que foram para Istambul com a ajuda de agentes que lhes prometeram emprego. Ao chegar, eles descobrem que não há perspectiva de trabalho e são mantidos trancados à força em acomodações até que reembolsem o agente pelas despesas incorridas. A única alternativa ao dinheiro, que eles não têm, é o pagamento na forma de seus rins.

O comércio ilícito de tráfico de órgãos faz parte de um conjunto muito maior de migrações médicas alimentadas por propósitos comerciais. Elas são amiúde consideradas formas perfeitamente legítimas de garantir medicamentos e tratamentos médicos que não estariam disponíveis ou financeiramente acessíveis a indivíduos em seu próprio país. Certos estados providenciaram ativamente serviços médicos para pacientes estrangeiros como parte de uma estratégia econômica mais ampla. Na Tailândia, por exemplo, o turismo médico representa uma fonte significativa de receita para hospitais e a indústria do turismo, bem como um fluxo de tributos para o Estado, com a chegada de mais de um milhão de estrangeiros buscando tratamento por ano. No entanto, tais estratégias também têm implicações sobre a assistência médica disponível para as populações nativas. Na África do Sul, por exemplo, operações médicas caras como transplantes de órgãos estão agora confinadas ao setor privado – um setor que também emprega um número significativo de cirurgiões altamente treinados que já não trabalham para a maior parte da população.

A disponibilidade desigual de serviços de saúde ensejada por esses desenvolvimentos tem sido chamada de taxa corporal sobre os pobres do mundo, mas a apropriação dos órgãos de pobres a fim de facilitar a saúde dos relativamente ricos eleva essa "taxa" a um nível inédito. Como se isso não fosse perturbador o suficiente, existem circuitos de comércio internacionais nos quais indivíduos corporalizados como um todo indiviso são vendidos sob as condições de escravização moderna.

Corpos escravizados

O geógrafo David Harvey sugeriu certa vez que estamos vivendo um período de "acumulação primitiva" similar às condições que tornaram possível a emergência do capitalismo. Essa acumulação implica obter riquezas e restaurar a rentabilidade por meio da força e dominação: exemplos contemporâneos são o crime organizado, as fraudes financeiras e as manipulações do mercado que levam à falência pequenas empresas e prejudicam os poupadores, e os acordos financeiros internacionais que deixam nações com dívidas fora de controle.

Se essas circunstâncias persistem por um período prolongado, elas podem suscitar o colapso das relações salariais capitalistas normais. Uma consequência disso é o crescimento do trabalho migrante informal e ilegal: indivíduos que trabalham no exterior em trabalhos sujos e perigosos, sem direitos, e ganhando menos que um salário-mínimo. Segmentos dos setores de bufeteria e de agricultura na Europa, bem como porções significativas da mão de obra agrícola, de limpeza e construção nos Estados Unidos, são apenas exemplos de setores dependentes dessa força de trabalho explorada.

O colapso nas relações salariais formais, associado ao retorno de condições próximas da acumulação primitiva, tem sido acompanhado de um aumento no tráfico humano e do uso sistemático de trabalho forçado. As quantias citadas pela consultora jurídica Penelope McRedmond indicam que 2,5 milhões de pessoas são traficadas a cada ano em várias formas de escravização moderna, em que corpos são vendidos e comprados visando à exploração sexual ou trabalhista não consentida. Grande parte do tráfico ocorre de forma clandestina, mas também pode ocorrer em áreas públicas fortemente policiadas. Em 2006, por exemplo, leilões de jovens destinadas à escravização sexual ocorreram em frente a um café no aeroporto de Gatwick, em Londres.

O tráfico envolve coerção pela violência e ameaça de violência, chantagem e dominação psicológica. Estima-se que mais de 20 milhões de pessoas estão enredadas em várias formas de escravização, sendo a contribuição do tráfico de pessoas patente. Enquanto a Organização Internacional do Trabalho (OIT) aponta a existência de 21 milhões de pessoas nessa situação, o Índice Global de Escravidão de 2014 (o principal relatório da Fundação Walk Free) estima algo em torno de 35,8 milhões. O caráter ilegal e "subterrâneo" de grande parte da escravização torna difícil obter números mais precisos. O que sabemos é que a Índia, a China, o Paquistão e a Nigéria acomodam o maior número de escravizados, e a escravização continua sendo uma parte estruturalmente recalcitrante em outras sociedades. Na Mauritânia, por exemplo, diferenças étnicas têm servido de base para a longa escravização de "mouros negros" por árabes berberes.

As compensações são altas para aqueles dispostos a comerciar pessoas: a OIT estima que os lucros obtidos por esse comércio (des)humano totalizam 150 bilhões de dólares por ano. O problema tornou-se tão grave e disseminado que desde de 2001 o Departamento de Estado norte-americano publica anualmente o "Relatório sobre o Tráfico de Pessoas", idealizado para ser uma ferramenta abrangente para rastrear e informar diretrizes e práticas que ajudem a combater o problema.

O tráfico moderno é efetivamente um fenômeno global. Nos Estados Unidos, por exemplo, casos de tráfico e coerção vão desde a compra de bebês cambojanos para adoção (uma prática que envolve frequentemente intermediários que compram ou mesmo roubam bebês) à prática de cáftens de tatuar prostitutas. Na Birmânia, Mongólia, Tailândia e outros lugares as formas variadas de tráfico envolvem a venda de garotas e crianças como noivas para a China. Devemos incluir também as centenas de milhares de mulheres traficadas por ano na União Europeia vindas da Europa Oriental e vendidas para a indústria do sexo, bem como os norte-coreanos que trabalham como escravizados "patrocinados pelo Estado" na indústria de construção civil no Catar.

No Oriente Médio em geral, o trabalho forçado é uma extensão do sistema *kafala* de trabalho migrante. Ele tem um papel importante na indústria da construção civil e no trabalho doméstico, atando trabalhadores migrantes a empregadores patrocinadores, que muitas vezes retêm os documentos de que precisam para retornar para casa, deixando frequentemente esses indivíduos endividados, já que os custos de moradia e subsistência são maiores do que seus salários. No Uzbequistão, crianças e adultos são forçados pelo governo a colher algodão por determinado período; na República Democrática do Congo crianças são submetidas à escravização em minas de diamantes; e em Serra Leoa, Sudão, Afeganistão e em outros países, elas são forçadas a guerrear. Nenhum país parece imune ao problema.

Global em sua abrangência, a escravização de sujeitos corporalizados tem como pano de fundo padrões duradouros de exploração pós-colonial, além de padrões internacionais de dependência, desigualdade e instabilidade política. A existência de bases militares dos Estados Unidos em países como a Coreia do Sul contribui para o aumento do tráfico de mulheres para a indústria do sexo, por exemplo, enquanto a disseminação das forças de mercado no antigo bloco comunista suscitou um crescimento massivo do trabalho forçado e da prostituição. Anúncios de jornais na Rússia, na Ucrânia e em outros lugares prometem trabalhos de babá e garçom/garçonete no exterior apenas para condenar ao serviço forçado os esperançosos de fugir da pobreza.

Aqueles diretamente envolvidos no tráfico e escravização recebem pagamento único com a venda de indivíduos a outrem: aqui o indivíduo escravizado é reduzido ao *status* de mercadoria lucrativa. Em outros casos, no entanto, aqueles que se beneficiam repetidamente do valor criado pelos trabalhadores escravizados da indústria do sexo, da indústria da construção civil ou de qualquer outro tipo de escravização, tratam esses indivíduos coagidos como uma forma de capital fixo corpóreo, disponível para gerar lucros futuros reiteradamente. Como disse Marx, se um proprietário de escravos "perde seu escravo, ele perde seu capital".

Em termos do pano de fundo desses desdobramentos, a ampla comercialização do sexo e o que tem sido chamado de "pornografização" da cultura têm estimulado a atitude de muitos de que comprar serviços sexuais seria algo aceitável. O tráfico e a escravização só existem por causa da demanda pelos bens e serviços que satisfazem, e não há sinais de diminuição no apetite por produtos baratos ou na disposição de satisfazer todas as formas de desejo por meio de transações legais ou ilegais (cf. fig. 9).

Figura 9 – A mercadorização do sexo tem se intensificado nas últimas décadas.

Também é importante notar que há uma mistura significativa entre rendimentos ilegais provindos da escravização e negócios aparentemente legais. Como aponta Louise Shelley (Diretora do Centro de Corrupção, Crime Internacional e Terrorismo – TraCCC – na Universidade George Mason), a organização mafiosa japonesa Yakuza é um exemplo dessa dinâmica, pois usa os lucros de suas atividades para investir em *resorts* de golfe na Tailândia, lucrando na sequência ainda mais com o mercado de turismo, que inclui o sexual.

Resistir à mercadorização

O *marketing* da aparência, a medicalização dos corpos visando ao lucro, o tráfico de órgãos do corpo e a venda de sujeitos corporalizados para regimes de trabalho forçado e escravização – cada um coloca em relevo o colapso da distinção entre sujeitos físicos de um lado e mercadorias de outro. Mas seria um equívoco pensar que o comércio de corpos e sua transformação em distintivas formas de capital físico não encontrem resistência.

Há um grande número de órgãos internacionais e organizações antiescravização – internacionais e nacionais, seculares e religiosas – trabalhando para pôr fim ao trabalho forçado e informal, e um número crescente de países que estão fazendo leis de proteção e combate às formas modernas de escravização. A mercadorização de partes, fluidos e processos corpóreos também tem sido colocada à prova por práticas alternativas. A Organização Mundial da Saúde (OMS) relatou um acréscimo de 8,6 milhões de doações de sangue feitas por voluntários entre 2004 e 2012, a África e o sudeste da Ásia apresentando o crescimento mais elevado. A OMS também reporta que os dados da maioria dos países mostram que mais de 90% dos seus estoques de sangue são provenientes de voluntários, gratuitamente.

O sangue continua implicado de modo notável em uma "rede de dádivas" e não em uma lógica do dinheiro. E práticas similares existem no campo da doação de órgãos. Nos

Estados Unidos, por exemplo, a "guirlanda de rins"[2] tem sido vista como um caso de "nova ética donativa", segundo a qual doadores que venham a se provar não compatíveis com seus receptores selecionados acabam por doar para outra pessoa na esperança de que essa prática se torne generalizada.

O especialista em saúde pública Klaus Hoeyer e seus colegas explicam esses desdobramentos argumentando que a extensão dos mercados desenvolveu de forma *paralela* uma extensão das noções de personitude corporalizada. Isso pode ser visto em uma série de países diferentes em relação a uma diversidade de questões. Na Dinamarca, por exemplo, células embrionárias não eram reguladas até meados dos anos 1980, mas tem aparecido cada vez mais nos debates sobre o que constitui uma pessoa. Já o hospital infantil Alder Hey, na Inglaterra, foi objeto de um inquérito em 1999 sobre a conservação de órgãos e tecidos de crianças mortas, um armazenamento feito sem o consentimento dos pais. Isso suscitou uma resposta da mídia e do público, informada pela convicção de que o corpo e seus órgãos entretêm laços com a identidade das crianças de que foram parte e que não podiam ser reduzidas a meros objetos após sua morte.

Ainda mais geralmente, definições concorrentes de vida e de morte continuam a limitar a doação de órgãos em países como o Japão. Questões religiosas a respeito da importân-

---

2. No original, "kidney daisy chain", um esquema em que seus vários elementos formam uma sequência (de A a B, de B a C, de C a D etc.) ou um anel, traçando uma forma similar a uma guirlanda de margaridas [N.T.].

cia de não violar a integridade do corpo derivado de Deus também continuam a ser influentes em países muçulmanos como a Turquia. Vale notar que a aceitação da morte cerebral como o critério definidor da morte nos Estados Unidos — uma posição que facilitou e fez aumentar a doação de órgãos — só ocorreu depois de intensos debates e legislação.

Além disso, as experiências dos receptores de órgãos transplantados continuam a sugerir que se beneficiar dessa troca não pode ser visto nos mesmos termos que a compra de outras mercadorias. Vários antropólogos registram a crença de que a "memória celular" dos órgãos transplantados influencia a personalidade do receptor como uma forma de resistência à objetificação das partes do corpo. Como mostrou o estudo de Aslihan Sanal, os recebedores de órgãos amiúde veem-se sentindo como se habitassem mundos diferentes, possuindo uma parte do espírito da outra pessoa que afeta seu senso de identidade.

Finalmente, temos também fortes argumentos filosóficos opondo-se à mercadorização das partes do corpo. Immanuel Kant associou a dignidade humana à integridade do sujeito corporalizado como um todo indiviso. Órgãos vitais estão vinculados à constituição e desenvolvimento de quem somos nós enquanto sujeitos humanos corporalizados, e a capacidade dos indivíduos de agir moralmente não pode ser separada de nossa existência como seres possuidores de mentes e de corpos. De forma ainda mais significativa, Kant colocou no coração de sua filosofia a injunção de que é errado usar as pessoas como meros meios para um fim. Desde essa perspectiva, tratar indivíduos ou partes do corpo como mercadorias com o propósito de auferir lucros ameaça a base mesma do que significa ser humano.

Se os desdobramentos explorados neste capítulo estão ou não erodindo a base do que é ser humano, não há dúvida de que a mercadorização de pessoas corporalizadas continua a passos rápidos na época atual. Tendo introduzido essas discussões à luz dos *insights* de Karl Marx sobre as causas da borradura dos limites entre corpos e mercadorias no capitalismo, vale a pena retornar a suas ideias sobre o tema. Para Marx, com efeito, a acumulação primitiva da qual faz parte a escravização "é o pivô sobre o qual gira o industrialismo atual tanto quanto a maquinaria, o crédito etc." A escravização dos corpos permitiu aos poderes coloniais adquirir valor a partir do algodão e de outras matérias-primas que aceleraram o comércio mundial e formaram a base para o desenvolvimento da indústria moderna. Nos dias atuais, o trabalho forçado existe em paralelo à comercialização das aparências, de partes do corpo e da pesquisa e produtos médicos envolvendo processos basais da vida. Corpos estão sendo explorados de múltiplas e (com frequência) novas formas como fontes singulares de valor econômico e como veículos para a criação de lucros.

6
CORPOS IMPORTAM: DILEMAS E CONTROVÉRSIAS

Os capítulos anteriores exploraram como "começar pelo corpo" pode nos fornecer a base para uma nova e produtiva abordagem à análise da sociedade, história e identidade. Ao fazê-lo, estes capítulos colocaram em relêvo alternativas àquelas tradições de pensamento ocidentais que marginalizavam as dimensões físicas da existência social e pessoal, dando preeminência à mente às expensas dos sentidos e ignorando o funcionamento tanto do pensamento quanto da ação humana em nosso ser corporalizado. Opondo-me a essa tendência, ponderei ser vital o reconhecimento que os corpos importam – possuem suas próprias propriedades, que se transformam ao longo do tempo, e são simultaneamente permeados por e situados em um ambiente social e material mais amplo. A capacidade das pessoas de fazerem a diferença na vida social existe porque elas ativamente "inscrevem" seus corpos e moldam o ambiente a sua volta, enquanto insti-

143

tuições e costumes moldam cada nova geração ao sancionar o cultivo de capacidades corporalizadas em certas direções preferencialmente a outras.

Essa necessidade de desenvolver uma abordagem dinâmica às questões da corporeidade refletiu-se nos três temas que permearam os capítulos. Estes destacaram (1) a capacidade de forças sociais e tecnológicas informar e transformar o que tem sido considerado convencionalmente como a constituição biológica de nosso ser corporalizado; (2) as incertezas levantadas por essa mutabilidade sobre o que é o corpo e como ele deve ser gerido; e (3) as formas contrastantes e contestadas nas quais corpos e sujeitos corporalizados têm sido valorados.

Para que se possa aprofundar na importância contemporânea desses temas, este capítulo final irá explorar brevemente como cada tema está associado com uma questão envolvendo o corpo pronta para se tornar mais, e não menos, importante. O presente capítulo fará isso levantando três questões cruciais sobre as identidades corporalizadas contemporâneas e a qualidade das relações sociais num sentido mais amplo. Essas questões abordam respectivamente se as mudanças recentes em nossas capacidades corporais estão associadas ao declínio dos padrões morais de comunicação e interação com os outros; como nós gerimos nossas mutáveis identidades corporais; e se as concepções contrastantes do que é valorado e valorizado ou mesmo sacralizado no corpo trazem desafios para o futuro da humanidade.

144

Corpos mediados são imorais?

Avanços sociais e tecnológicos há tempos vêm alterando as capacidades e as características da corporeidade, suscitando respostas variáveis para a questão "o que os corpos podem fazer?" A habilidade de nossos ancestrais pré-históricos de controlar o fogo, por exemplo, foi uma das inovações tecnológicas mais significativas de todos os tempos, permitindo que lugares anteriormente inóspitos fossem habitados. Aceleremos o tempo até o nosso presente. É possível sustentar que o desenvolvimento da comunicação digitalmente mediada (facilitada por redes de computadores e o surgimento da internet) acarretou uma transformação sem precedentes nas formas de suplementar e aperfeiçoar as capacidades de sujeitos corporalizados.

Sites de redes sociais, mensagens por vídeo, correio eletrônico, blogs, cultura gamer online e a plataformas de distribuição digital como o YouTube são apenas alguns dos meios pelos quais tornou-se possível engajar-se com uma comunicação mediada. Ao explorar as implicações desse cenário para a corporeidade, o pesquisador canadense de estudos culturais Vince Miller propôs que essas tecnologias operam distribuindo a presença de corpos pelo tempo e espaço. Ele sugere, sobretudo, que essa mudança está associada com o perturbador declínio da qualidade moral da comunicação.

Para que entendamos o pano de fundo do argumento de Miller, é importante inicialmente dizer algo sobre como tem sido convencionalmente concebida a relação entre interação e o comportamento moral. A contribuição do sociólogo Erving Goffman é aqui de particular importância. Goffman argumenta que a interação face a face rotineira impõe certas limitações sobre como as pessoas se relacionam umas com as outras – como a necessidade de estar fisicamente próximas e de revezar enquanto conversam –, se o objetivo for tornar a comunicação possível e bem-sucedida. Ele também sugere que essas mesmas condições ajudam a promover uma ordem moral de interação. Isso ocorre em parte porque os participantes não apenas têm que estar disponíveis e "abertos" aos outros (expondo-se até o ponto da vulnerabilidade), mas devem também aumentar o grau de confiança daqueles com quem estão envolvidos. Sem estarmos preparados para aceitar que isso pode ser feito com relativa segurança para todas as partes, as interações necessárias para embarcarmos em alguma atividade compartilhada seriam impossíveis. A interação fisicamente copresente, em suma, impõe condições sobre os corpos que geralmente interagem segundo interesses de expressar respeito e boa vontade.

Se a comunicação corporalmente copresente, face a face, requer geralmente um grau de boa vontade mútua, Goffman também defende que as qualidades morais dessas situações são reforçadas pelo fato de que aqueles que traem essa confiança (seja por insensibilidade, estupidez, seja por seu desmascaramento como falsários ou trapaceiros) se tornam moralmente maculados e desacreditados. Quando um número suficiente de pessoas conhece seu comportamento dentro de uma localidade, eles provavelmente serão excluídos dessa ordem moral de interação. Tecnologias de comunicação digital em rede, entretanto, estabelecem mudanças radicais nas condições em que muitas interações ocorrem.

Em particular, elas eliminam a necessidade de encontros face a face na interação com colegas de trabalho, amigos, e estranhos, e também reduzem frequentemente os desencorajamentos e as consequências de se comportar indevidamente perante outros.

Esse é o contexto da sugestão de Miller de que a presença mediada enfraquece as condições que encorajam os indivíduos a desenvolver um senso de responsabilidade moral. Evidências, sugere ele, podem ser encontradas na frequência das práticas de *flaming* (postar ou enviar mensagens ofensivas) ou de "trolagem" (provocar deliberadamente discussões) em sites de mídia social. Em vez de lidar com interações iminentes face a face, os indivíduos estão sendo rudes e ofensivos sabendo que não serão jamais responsabilizados pelas consequências de suas ações. Essas consequências, contudo, podem ser excepcionalmente graves.

O suicídio da assistente social Simone Black, de 42 anos, no dia de Natal de 2010, por exemplo, foi um ato totalmente mediado por aqueles que responderam a sua declaração no Facebook: "Tomei todas as minhas pílulas, vou morrer em breve, tchau todo mundo". Simone tinha 1.082 supostos "amigos" no Facebook, mas sua mensagem provocou zombaria e ceticismo. Nenhum de seus contatos alertou as autoridades e, apesar de vários estarem a uma curta distância de seu apartamento, ninguém foi ver se Simone estava bem. Dezessete horas depois, após a mãe de Simone ter sido alertada por sua postagem, a polícia encontrou-a morta.

Não se trata de um exemplo isolado. Em 2008, um adolescente da Flórida anunciou em uma sala de bate-papo na internet que iria se matar. Depois de ser encorajado a "ir em frente" por vários espectadores online, 1.500 pessoas assistiram a seu suicídio. Da mesma forma, um ano antes, um britânico enforcou-se ao vivo diante de uma webcam, sob os olhares de espectadores online, depois de ter sido provocado a cometer o ato em outra sala de bate-papo na internet.

No contexto de desenvolvimentos como esses, Miller e outros comentadores têm recorrido aos escritos do economista político Adam Smith e à filosofia de Emmanuel Levinas na tentativa de especificar ainda mais por que as relações face a face estimulam uma mutualidade que muitas vezes não encontramos na comunicação mediada. A presença distribuída, parece, não é apenas uma questão tecnológica – ela também levanta considerações morais cruciais.

Uma área muito diferente em que a presença mediada também levanta questões morais sobre a interação são as tecnologias de guerra. Durante a Guerra do Golfo, pilotos norte-americanos observaram que os responsáveis por localizar alvos para bombardeios faziam todo o processo de destruir alvos (edifícios, mas também pessoas) parecer um *videogame*. Similarmente, o uso cada vez mais frequente, desde a década de 1990, de sistemas aéreos pilotados remotamente, ou "drones", tem gerado preocupações de que a mobilização de armas automatizadas no campo de batalha pode resultar em mais mortes indiscriminadas, na medida em que não seriam sensíveis a sinais interativos que permitem que um soldado diferencie um combatente de um civil.

A interação mediada não é, é claro, o único fator, ou mesmo o decisivo, que determina questões de morais numa interação social. Como o sociólogo Norbert Elias deixou claro em seus escritos sobre os processos civilizadores, os medievais às vezes se deleitavam em torturar e testemunhar a tortura em situações de copresença imediata. Recentemente, os abusos de prisioneiros em Abu Graib e Guantánamo por norte-americanos foram cometidos em situações de copresença física. No entanto, a principal preocupação apontada por aqueles que escrevem sobre a disseminação da comunicação mediada é que os incentivos para agir moralmente fornecidos pela *maioria* das interações face a face rotineiras contemporâneas estão se enfraquecendo.

Como as pessoas gerenciam a mudança corporal?[3]

A mudança corporal é uma característica constante na história social e nas vidas individuais, e as sociedades há muito sancionam intervenções cirúrgicas e outras intervenções no ser físico das pessoas. No entanto, a velocidade do desenvol-

---

3. No original, *manage*. Notamos que este termo também pode significar "manejar", "manusear" [N.T.].

vimento da ciência moderna, da tecnologia e da medicina – e as enormes implicações desses avanços para as capacidades das pessoas de alterar e estender suas capacidades corporalizadas – levantam questões sobre como indivíduos e instituições gerenciam as oportunidades e os riscos que acompanham essas possibilidades.

No caso dos indivíduos, a extensão e a velocidade com que mudanças relacionadas ao corpo são agora disponibilizadas têm submetido a níveis sem precedentes de deliberação aquilo que antes era visto como as condições "naturais", consideradas como dadas, da existência física. Isso não significa que estamos divididos, mente e corpo, contra nós mesmos. Essas circunstâncias também não fornecem uma garantia para aqueles que acreditam que é apenas nossa capacidade de pensar que nos define como humanos. Como o filósofo pragmatista John Dewey deixou claro, a sobrevivência seria impossível para nós, seres humanos inteligentes, a menos que colocássemos entre parêntesis, a cada dia, centenas de contingências e possibilidades potenciais, a menos que tomássemos muitos dos parâmetros da vida como dados e agíssemos "como de costume" em relação a grande parte do que fazemos e sabemos. No entanto, o ritmo atual da mudança torna cada vez mais difícil conceber muitas das nossas ações naturalizadas como guias para a manutenção e o desenvolvimento de nossas identidades corporais. Com efeito, em vez de continuar a depender delas, muitos desses hábitos corporalizados serão provavelmente submetidos a um escrutínio reflexivo:

uma avaliação do eu pelo eu, mobilizando as possibilidades abertas por esses desenvolvimentos.

Oportunidades de mudança cada vez mais frequentes e respostas cada vez mais deliberativas que estas tendem a estimular também têm enormes consequências para as instituições e para aqueles cujas identidades estão a elas associadas. Isso é particularmente verdade para instituições enraizadas em regras e práticas relativamente fixas que evoluíram gradualmente em meio ao peso da tradição – caso em que a religião serve de útil ilustração.

As formas institucionalizadas de prática, fé e personitude religiosas são convencionalmente associadas ao cultivo de hábitos corporalizados em linha com crenças prescritas, códigos morais fixos de retidão e pureza e rituais recorrentes que abarcam a fala, a dieta, o vestuário e a aparência. Tais padrões rotinizados de socialização religiosa se adequavam a sociedades marcadas por padrões limitados de mudança social, em que dilemas morais tendiam a permanecer estáveis ao longo do tempo. Na época atual, no entanto, as autoridades religiosas e seus seguidores têm poucas opções senão encarar o rápido desenvolvimento que ocorre na economia e na sociedade e que altera o terreno em que operam, mesmo que sua resposta seja o desenvolvimento de formas particularmente modernas de fundamentalismo religioso. O advento da televisão via satélite, da internet e de outras formas de comunicação global, por exemplo, tornou virtualmente impossível para até mesmo os líderes e seguidores religiosos mais "ortodoxos" não se estar a par da força e dos argumentos do secularismo e das crenças alternativas em outras partes do mundo. Tais circunstâncias não implicam que a religião não seja capaz de florescer, mas lançam dúvidas sobre a persistência dos hábitos religiosos tradicionais.

Nesse contexto, é interessante que as autoridades religiosas tenham renovado seus esforços no sentido de cultivar conscientemente práticas e experiências corpóreas que podem ajudar a estimular, estabilizar e reforçar crenças. O pentecostalismo e outras formas de cristianismo carismático têm se tornado cada vez mais influentes, e seu foco sobre a afiliação e conversão religiosas envolve tentativas particularmente deliberativas de "abrir" o corpo para o poder do Espírito Santo. Um questionamento reflexivo do fiel – ele questiona todos os aspectos da vida –, paralelamente a técnicas de prece e a um modo de vida puro, projetados para servir de guia a esse escrutínio, ocupam um lugar central aqui. Como parte desse processo, igrejas utilizam de modo cuidadosamente planejado imagens e objetos físicos – denominados de "formas sensórias" – que podem ajudar no cultivo e na modulação de emoções, sentimentos e pensamentos religiosos.

Esforços pentecostais de corporalizar a presença de Deus têm uma longa história no cristianismo, mas o que torna singular as práticas correntes é o grau do planejamento, regulação e reflexão cuidadosos empreendidos pelas autoridades e indivíduos envolvidos. A pedagogia corporal da Curso Alfa discutido no capítulo 3, por exemplo, é explicitamente pensada e cuidadosamente escrutinizada para prover experiências e saberes considerados os mais adequados para estimular a presença do Espírito Santo no iniciado.

A abordagem reflexiva à estimulante experiência corpórea religiosa não se confina ao cristianismo. Tem sido observado que muitos jovens muçulmanos europeus celebram suas identidades religiosas enquanto escolhas, marcando-os como aqueles que estabeleceram compromissos que os singularizam perante a sociedade cristã e secular dominante na qual vivem. Em outros lugares, pesquisas indicam que muitos jovens muçulmanos no Irã entretêm uma relação reflexiva com sua religião, distanciando-os do islamismo de seus pais e avós pela via da adoção de uma abordagem crítica construtiva ao desenvolvimento de práticas religiosas "mais puras" – abordagem que tem causado preocupação com a disseminação do fundamentalismo.

De modo similar, a antropóloga Saba Mahmood mostrou que as mulheres muçulmanas do movimento Egyptian Piety buscavam por meio de deliberações reflexivas escrutinar e aprofundar suas próprias orientações e disposições religiosas. Essas mulheres estavam muito conscientes da adoção de formas de vestir bem conservadoras como uma maneira de estimular em si mesmas um senso de propriedade e vergonha, disciplinando seus corpos e experiências em sintonia com os ensinamentos islâmicos. Cultivando a "virtude" islâmica por meio do vestuário e das posturas, elas procuravam avaliar todos os aspectos de suas expressões e seu eu corporais como parte de uma determinação consciente de assegurar que tanto suas ações exteriores quanto seu eu interior estejam em conformidade com as normas islâmicas (cf. fig. 10). Para isso, elas buscaram lidar com aqueles que as colocavam em situações adversas ao alcance da piedade em suas vidas cotidianas e à luta interna ou *jihad* com suas próprias ações e desejos corporais em um mundo que as encorajou a se comportar de maneiras ímpias.

Figura 10 – O vestuário é, para muitos, um aspecto essencial da identidade religiosa e tem provocado controvérsias políticas em sociedades seculares.

Ambos os exemplos – o do cristianismo pentecostal e do islamismo – destacam a importância do escrutínio reflexivo no que diz respeito ao gerenciamento do corpo no contexto de opções e escolhas que agora são encaradas por indivíduos religiosos, seja qual for sua afiliação. Com isso não se está sugerindo que os hábitos se tornaram irrelevantes para a vida social e religiosa, mas se está enfatizando que os indivíduos buscam conscientemente moldar, formar e reformar seus corpos e hábitos em sintonia com ideias e compromissos. Os hábitos estão cada vez mais sujeitos a juízos reflexivos, e são criticados e quando necessário transformados pela avaliação consciente de indivíduos sobre o modo como eles desejam desenvolver suas próprias identidades.

A avaliação reflexiva dos hábitos e ações corporais é sem dúvida mais comum entre certas pessoas do que outras. Essas variações dependem de muitos fatores, incluindo a educação e a disponibilidade de recursos que facilitam o gerenciamento do corpo, e que, portanto, fazem dessa deliberação algo de importância diretamente pessoal. Não é apenas no caso da religião que a extensão e o ritmo das mudanças no mundo moderno estão dificultando cada vez mais confiar inquestionavelmente nos velhos hábitos. No caso da saúde, por exemplo, as pessoas dispõem agora, mais do que em qualquer outra época, de mais informações (e mais informações conflitantes) sobre o que elas devem ou não consumir. Mesmo aqueles que continuam a beber e a fumar inveteradamente, e que se recusam a participar de regimes de exercícios enaltecidos pelos serviços de saúde locais e nacionais, encontram dificuldade em não refletir sobre seu comportamento face à disseminação de mensagens de autocuidado e "cidadania biológica". Tais exemplos podem ser encontrados em meio à vida social e reforçam o senso de que as avaliações, apreciações e outras formas de reflexão sobre sua constituição corpórea se tornaram meios cada vez mais importantes de traçar nossos caminhos no mundo. As matérias[4] do corpo abarcam a mente corporalizada assim como a carne física.

Nossos corpos tornaram-se sagrados?

Os modos contrastantes de valoração e valorização dos corpos foi um tema recorrente nos capítulos precedentes. A importância colocada sobre concepções particulares do que é "natural", "normal" ou desejável em termos corporais às vezes sustenta a conclusão de que pode haver algo sagrado na corporeidade humana. O sociólogo clássico Émile Durkheim era partidário dessa ideia. Para Durkheim, embora o corpo possa parecer mundano, ele é frequentemente lócus ou mesmo a fonte de valores sagrados "separados", valorizados e tornados excepcionais vis-à-vis a vida cotidiana.

Considerando a relevância atual dos comentários de Durkheim, é razoável sugerir que os corpos são agora valorizados ou mesmo tornados sagrados por diferentes grupos de pessoas segundo fatores variados como sua faixa etária, sua etnicidade, sua governabilidade, suas habilidades e capacidades, seu valor como mercadoria – e também porque eles aderem a concepções religiosas de uma vida divinamente

---

4. No original, *body matters*. O autor joga com o duplo, ou melhor, triplo, sentido do termo "matter", que tem como outra tradução possível "questão", "assunto"; e como verbo também pode ser traduzido como "importar": corpos importam, como diz o título deste capítulo [N.T.].

ordenada. Essas variações, entretanto, também levantam a possibilidade de que podem haver desacordos e conflitos sobre o que é sagrado no sujeito corporalizado.

Ao resumir o terreno mais amplo coberto por essas contrastantes e potencialmente conflitantes abordagens ao que é valorizado nos corpos, é importante reconhecer a coexistência da concepção religiosa e da concepção secular do corpo como sagrado. Partindo da primeira, não há uma concepção religiosa singular de corpos sagrados – algo evidenciado pelas distintas prescrições e proibições incidentes sobre a prece, o jejum, a dieta e o estilo de vida ditadas pelas práticas judaicas, cristãs e islâmicas. As consequências sociais dessas concepções sagradas podem também ser muito distintas: a admissão tradicional cristã de uma esfera secular na Terra (exemplificada na passagem bíblica "dai a César o que é de César"), por exemplo, é muito diferente do imperativo islâmico de que toda a cultura e toda sociedade devem se submeter à vontade de Alá.

Já a validação secular do corpo como objeto de governança política colocou um pesado valor sobre a gestão dos processos basais da própria vida nos termos de questões como saúde e reprodução. Também é diferente a mercadorização secular dos corpos e partes de corpos que valoriza a utilização de sujeitos corporalizados como recursos para a acumulação de lucros. Isso ocorre não apenas em termos de corpos como produtores, mas também em termos das capacidades de corpos consumidores de facilitar a lucratividade de uma empresa. Companhias multinacionais têm empregado recursos significativos, por exemplo, na pesquisa sobre como as marcas atraem a lealdade de consumidores que experimentam suas próprias identidades físicas como ligadas à compra e ao uso de objetos específicos. Dessa perspectiva, podemos sugerir que as "cidades da Nike", a ESPN Zone em Chicago, as lojas da Apple e até as cafeterias Starbucks promovem maneiras de usar seus produtos que tratam as identidades corporais dos consumidores como veículos sagrados por meio dos quais podem continuar lucrando.

Essas concepções contrastantes sobre a percepção e tratamento do corpo como sagrado têm consequências sociais, econômicas e religiosas muito diferentes – ilustrando como nossas propriedades e capacidades corporalizadas podem ser direcionadas e aproveitadas para fins distintos. Consequências diferentes também tendem a derivar das ações daqueles que transgridem essas orientações seculares e religiosas sobre o nosso ser corporalizado. Estigma e vergonha são frequentemente vinculados a indivíduos que não conseguem disciplinar seus corpos em afinidade com as exigências seculares de produtividade e consumismo, por exemplo, como evidenciado pela recente política de bem-estar social do Reino Unido, com sua tendência a considerar como "parasitas" pessoas incapazes de trabalhar em tempo integral porque são deficientes. Mais visível é a "fúria santa" mobilizada por grupos fundamentalistas contra pessoas que tratam seus próprios corpos e os corpos de outras pessoas de modos que são considerados violações de princípios sagrados. Os ataques a clínicas de aborto nos Estados Unidos durante a década de 1980 pelo grupo fundamentalista cristão Arm of God é um exemplo disso. Mais recente e disseminada é a violência praticada por grupos islâmicos determinados a defender suas concepções de educação e vestuário ordenados sagradamente e a punir aqueles que se atrevem a se envolver com representações profanadoras. Do atentado talibã a Malala Yousafzai por frequentar uma escola e defender os direitos de meninas à educação aos ataques terroristas ao escritório do semanário *Charlie Hebdo* em Paris por retratar e ridicularizar imageticamente Maomé, a defesa de princípios sagrados pode ser fatal.

Corpos expansivos

Cada uma dessas questões sobre o estado atual da corporeidade – envolvendo a comunicação mediada e a qualidade moral da interação humana, a importância do engajamento reflexivo com identidades corporais e as concepções concorrentes sobre o caráter sagrado ou não de corpos e atos corporais – mostra que os assuntos do corpo vão além dos limites das pessoas encarnadas. Indivíduos corporalizados estão sempre situados em um ambiente social e material mais amplo, que eles moldam e são por ele moldados. A forma como os corpos são conceitualizados, experimentados, vividos e tratados nos fornece, assim, muito mais do que um tópico limitado e localizado – de interesse apenas para fisiólogos e outros cientistas biológicos. Em vez disso, essas questões oferecem meios fundamentais para abordar relacionamentos sociais, ideias culturais, desenvolvimentos tecnológicos e mudanças históricas.

Referências

AGAMBEN, G. (1998). *Homo sacer: sovereign power and bare life*. Stanford: Stanford University Press.

BEAUVOIR, S. (1949). *The second sex*. Londres: Everyman.

BENTON, T. (1996). *Natural relations: ecology, animal rights and social justice*. Londres: Verso.

BERNSTEIN, B. (2000). *Pedagogy, symbolic control and identity*. 2. ed. Nova York: Lanham.

BLAKELEY, R. (2014, mar. 29). Past it at 32: the geeks of Silicon Valley stay fresh-faced with Botox. *The Times*.

BOURDIEU, P. (1984). *Distinction: a social critique of the judgment of taste*. Londres: Routledge.

BUTLER, J. (1990). *Gender trouble: feminism and the subversion of identity*. Londres: Routledge.

CONNELL, R. (1987). *Gender and power*. Oxford: Polity.

CONNELL, R. (2005). *Masculinities*. 2. ed. Oxford: Polity.

COOPE, M. (2008). *Life as surplus: biotechnology and capitalism in the neoliberal era*. Washington: University of Washington Press.

DAVIS, A. (1997). The body as password. *Wired*. Julho. Disponível em http://archive.wired.com/wired/archive/5.07/biometrics_pr. html – Acesso: 10 nov. 2014.

DAVIS, K. (2003). Surgical passing: or why Michael Jackson's nose makes 'us' uneasy. *Feminist Theory* 4(1): 73-92.

DAWKINS, R. (1976). *The selfish gene*. Londres: Paladin.

DUMIT, J. (2012). *Drugs for life*. Durham: Duke University Press.

DUSTER, T. (2015). A post-genomic surprise: the molecular reinscription of race in science, law and medicine. *British Journal of Sociology* 66(1): 1-27.

EHRENREICH, B. (1989). *Fear of falling: the inner life of the middle class*. Nova York: Harper Perennial.

ELIAS, N. (2000 [1939]). *The civilizing process*. Oxford: Blackwell.

EVANS, J., RICH, E., DAVIES, B., & ALLWOOD, R. (2008). *Education, disordered eating and obesity discourse*. Londres: Routledge.

FOUCAULT, M. (1975). *Discipline and punish*. Harmondsworth: Penguin.

FOUCAULT, M. (1978). *The history of sexuality*. Vol. 1: *an introduction*. Harmondsworth: Penguin, p. 140.

FOUCAULT, M. (1980). Body/power. In: GORDON, C. (org.). *Michel Foucault*: power/knowledge. Brighton: Harvester, p. 57.

GILMAN, S. L. (2000). *Making the body beautiful: a cultural history of aesthetic surgery*. Princeton: Princeton University Press.

GOFFMAN, E. (1959). *The presentation of self in everyday life*. Harmondsworth: Penguin.

GOUDSBLOM, J. (1992). *Fire and civilization*. Londres: Allen Lane.

GOWLAND, R. & THOMPSON, T. (2013). *Human identity and identification*. Cambridge: Cambridge University Press.

GRASSENI, C. (2007). Good looking: learning to be a cattle breeder. In: GRASSENI, C. (org.). *Skilled visions: between apprenticeship and standards*. Oxford: Berghahn.

GRAY, J. (1992). *Men are from Mars, women are from Venus*. Londres: Harper Collins.

GROSZ, E. (2011). *Becoming undone: Darwinian reflections on life, politics, and art*. Durham: Duke University Press.

HARGREAVES, J. (1987). Victorian familialism and the formative years of female sport. In: MANGAN, J. & PARK, R. (orgs.). *From "fair sex" to feminism: sport and the socialization of women in the industrial and post-industrial eras*. Londres: Cass, p.134.

HARVEY, D. (2009). *A companion to Marx's Capital*. Londres: Verso.

HOBBES, T. (1651). *The Leviathan*. Oxford: Oxford University Press.

HOEYER, K., NEXOE, S., HARTLEV, M., & KOCH, L. (2009). Embryonic entitlements: stem cell patenting and the co-production of commodities and personhood. *Body & Society* 15(1): 1-24.

HOLLIDAY, R. & ELFVING-HWANG, J. (2012). Gender, globalization and aesthetic surgery in South Korea. *Body & Society* 18: 58-81.

INGOLD, T. (2000). *The perception of the environment: essays on livelihood, dwelling and skill*. Londres: Routledge, p. 409.

LAQUEUR, T. (1990). *Making sex: body and gender from the Greeks to Freud*. Cambridge: Harvard University Press.

LUNDIN, S. (2008). The valuable body: organ trafficking in Eastern Europe. *Baltic Worlds* 1(1): 6-9.

MARX, K. (1972). The life-destroying toil of slaves. In: PADOVER, S. (org.). *The Karl Marx library*. Vol. II: *on America and the Civil War*. Nova York: McGraw-Hill, p. 21.

MAUSS, M. (1973 [1934]). Techniques of the body. *Economy and Society* 2: 70-88.

MCLELLAN, D. (1977). *Karl Marx: selected writings*. Oxford: Oxford University Press, p. 192-194.

MCREDMOND, P. (2010). Defining organised crime in the context of human trafficking. In: WYLIE, G. & MCREDMOND, P. (orgs.). *Human trafficking in Europe*. Londres: Palgrave Macmillan.

MEADOWS, D. H., MEADOWS, D. L., RANDERS, J. & BEHRENS III, W. W. (1972). *Limits to growth*. Nova York: New American Library.

MERLEAU-PONTY, M. (1962). *Phenomenology of perception*. Londres: Routledge.

MEYER, B. (2013). Mediation and immediacy: sensational forms, semiotic ideologies and the question of the médium. In: BODDY, J. & LAMBEK, M. (orgs.). *A Companion to the anthropology of religion*. Oxford: Wiley-Blackwell.

MILLER, V. (2012). A crisis of presence: on-line culture and being in the world. *Space and Polity* 16(3): 265-285.

NEWTON, E. (1979). *Mother camp*. Chicago: Chicago University Press.

OVERY, R. (2010). *The morbid age: Britain and the crisis of civilization 1919-1939*. Harmondsworth: Penguin.

RAJAN, K. S. (2006). *Bio capital: the constitution of post-genomic life*. Durham: Duke University Press.

RAJAN, K. S. (2010). The experimental machinery of global clinical trials. In: ONG, A. & CHEN, N. (orgs.). *Asian biotech*. Durham: Duke University Press.

ROEPSTORFF, A. (2007). Navigating the brainscape: when knowing becomes seeing. In: GRASSENI, C. (org.). *Skilled visions: between apprenticeship and standards*. Oxford: Berghahn.

ROSE, N. (2007). *The politics of life itself*. Princeton: Princeton University Press.

SANAL, A. (2011). *New organs within us: transplants and the moral economy*. Durham: Duke University Press.

SAUNDERS, B. (2007). CT suite: visual apprenticeship in the age of the mechanical viewbox. In: GRASSENI, C. (org.). *Skilled visions: between apprenticeship and standards*. Oxford: Berghahn.

SCHEPER-HUGHES, N. (2011). Mr Tati's holiday and Joao's safari: seeing the world through transplant tourism. *Body & Society* 17(2-3): 55-92.

SHAKESPEARE, T. (1998). Choices and rights: eugenics, genetics and disability equality. *Disability and Society* 13(5): 665-681.

SHILLING, C. (2005). Embodiment, emotions and the foundations of social order: Durkheim's enduring contribution. In: ALEXANDER, J. & SMITH, P. (orgs.). *The Cambridge Companion to Emile Durkheim*. Cambridge: Cambridge University Press, p. 211-238.

SUDNOW, D. (2002). *Ways of the hand: a rewritten account*. Harvard: MIT Press.

TURNER, B. S. (2008). *The body and Society*. 3. ed. Londres: Sage.

WACQUANT, L. (2004). *Body & soul: notebooks of an apprentice.* Oxford: Oxford University Press, p. 66, 87.

WALDBY, C. (2002). Stem cells, tissue cultures and the production of biovalue. *Health* 6(3): 305-323.

WATLING, T. (2005). Experiencing Alpha. *Journal of Contemporary Religion* 20(1): 91-108.

WILLERSLEV, R. (2007). *Soul hunters: hunting, animism and personhood among the Siberian Yukaghirs.* Berkeley: University of California Press.

INDICAÇÕES DE LEITURA

Introdução

Para abordagens filosóficas sobre o corpo, cf. WELTON, D. (1999). (org.). *The body: classic and contemporary readings.* Oxford: Blackwell.

Capítulo 1: Corpos naturais ou corpos sociais?

Sobre a emergência do campo dos "estudos do corpo", cf. TURNER, B. S. (1991). Recent developments in the theory of the body. In: FEATHERSTONE, M.; HEPWORTH, M. & TURNER, B. S. (orgs.). *The body: Social process and cultural theory.* Londres: Sage. Cf. tb. SHILLING, C. (1993). *The body and social theory.* Londres: Sage.

Sobre a relevância do pragmatismo para os estudos da corporeidade, cf. SHILLING, C. (2008). *Changing bodies: habit, crisis and creativity.* Londres: Sage.

Capítulo 2: Corpos sexuados

Sobre Gustave Le Bon, cf. GOULD, S. J. (1981). *The mismeasure of man.* Harmondsworth: Penguin.

Sobre endocrinologia, teorias psicológicas e outras da diferença sexual corporalizada, cf. MEYEROWITZ, J. (2002). *How sex changed.* Cambridge: Harvard University Press.

Capítulo 3: Educando corpos

Sobre pedagogias do corpo, cf. SHILLING, C., & MELLOR, P. A. (2007). *Cultures of embodied experience: technology, religion and body pedagogics. The Sociological Review* 55(3): 531-549.

Sobre John Dewey e o conhecimento noético e anoético, cf. GARRISON, J. (2015). *Dewey's aesthetics of body-mind functioning.* In: SCARINZI, A. (org.). *Aesthetics and the embodied mind: Beyond art theory and the cartesian mind-body dichotomy.* Dordrecht: Springer.

Capítulo 4: Corpos governados

Sobre questões éticas e mercadorização do corpo, cf. WILKINSON, S. (2003). *Bodies for sale: ethics and exploitation in the human body trade.* Londres: Routledge.

Capítulo 5: Corpos como mercadorias

Cf. DEPARTAMENTO DE ESTADO DOS ESTADOS UNIDOS. *Trafficking in Persons Report* (2015). Disponível em: <http://www.state.gov/j/tip/rls/tiprpt/2014/?utm_sour ce=NEW+RESOURCE:+Trafficking+in+Persons+R>
Sobre Kant, filosofia e questões éticas relativas à transplantes de órgãos, cf. PETECHUK, D. (2006). *Organ transplantation.* Londres: Greenwood Press.

Capítulo 6: Corpos importam: dilemas e controvérsias

Sobre as concepções seculares e religiosas do sagrado e seus papéis nos conflitos contemporâneos, cf. MELLOR, P. A. & SHILLING, C. (2014). *Sociology of the sacred: religion, embodiment and social change.* Londres: Sage.

ÍNDICE

aborto 23, 159
acumulação primitiva
133-134, 142
Agamben, Giorgio 105, 119
Alemanha 36, 103, 109
apresentação do eu 27
Aristóteles 97
Ataques de 11 de setembro
28, 106, 118

Bentham, Jeremy 99
Bentham, Samuel 100
Benton, Ted 33, 35
Bernstein, Basil 73
biovalor 126
bioarqueologia 36
biopolítica 95, 98, 102,
104-106, 118-119
biotecnologia 104, 121,
126-129

bioterrorismo 118
Bourdieu, Pierre 125
boxe 82-85
Burt, Cyril 103
Bush, George, W. 28, 106,
118
Butler, Judith 62-64, 66, 68

China 66, 104, 110,
135-136
cidadania biológica 114,
116, 155
ciências 13, 17, 22, 33,
37, 40, 48, 60
reprodução 44, 56
ciência 17, 33, 48-52,
113-117, 121, 126, 150
ciências sociais 9, 13, 17,
22, 23, 39-40, 61
cirurgia plástica 14, 18, 26,
29, 123-124

classe social 14, 45-46, 72, 74, 125
desigualdades 8, 17, 23, 47, 49-51, 54, 57, 117, 130, 137
Comte, Auguste 41
comunicação 32, 45, 80, 80, 140, 144, 151
mediada digitalmente 13, 28, 145-149, 159
qualidade moral 146-149
Confucionismo 15
conhecimento noético/anoético 89
Connell, Raewyn 56-57, 59, 68
Cooper, Melinda 118
corpo
caráter elusivo 42-43
como mercadoria 17, 120-142, 156-158
como projeto 29-33, 66, 125
educado/educador 17, 69-93
envelhecimento 25, 35, 42, 61, 115
escravização 121, 133-138, 142
estudos do 7, 9, 21, 29, 41
feminino inferior 48-50, 52-55
generificado 52-61, 62-68, 70
governados 17, 93-119, 156-157
medicalizado 125-130, 139
modificação 14, 28-29
natural 18, 21-43, 48-54, 67-68, 150, 156
pedagogia 69-73, 78, 80-93, 152
sagrado 20, 144, 156-159
sexuado 17, 44-68
social 21-43
técnicas 71, 73-78, 82, 86-88, 92, 123, 152
vigilância 28, 94, 99, 100-104, 106-113, 117
craniometria 50
cristãos/cristianismo 15, 29, 43, 49, 52, 72, 85-87, 157-158
carismático 77, 152
evangélico 85, 90
muscular 72
Pentecostalismo 152
cultura do consumo 22, 24, 26, 91, 105
Curso Alfa 77, 85, 87, 152

dados biométricos 28, 110
Darwin, Charles 37, 50, 102

Davis, Ann 110
Dawkins, Richard 52
de Beauvoir, Simone 54, 56, 68
deficiência 22, 27, 104-105, 115-116, 158
Descartes, Rene 15
Dewey, John 16, 41, 89, 150
dieta 20, 22, 32, 36, 57, 72, 83-84, 111, 115, 123, 151, 157
dualismo mente/corpo 14-15, 69-71, 86, 141, 143, 150, 156
Dumit, Joseph 127
Durkheim, Émile 156
Duster, Troy 117

Ehrenreich, Barbara 123
Elias, Norbert 95, 149
emoção 35, 40, 83, 85, 122, 127, 152
endocrinologia 60-61
Era Medieval 43, 52, 96-99, 119, 149
escarificação 14, 22
escravização 15, 19, 36, 94, 120-122, 133-138, 142
Estados Unidos 24, 28, 36, 51, 67, 72, 101-111, 115-117, 122-125, 127-131, 135-136, 141-142, 148-149
etnicidade 9, 14, 22, 135, 156
eugenia 102-104, 114-116
eu-quantificado 112-113
Europa 24, 25, 74, 124, 131, 134
eutanásia 26
Evans, John 91

farmacogenômica 126
feminismo 23, 37, 42, 53-55, 62, 67, 70
fertilização *in vitro* 18
Foucault, Michel 16, 95, 96, 98, 101, 105, 108
Frieden, Betty 53

Galeno 47
Galton, Francis 102
genética 18, 21, 37-39, 52, 61, 114-117, 126-129
genoma humano 61, 114, 128
George, David Lloyd 103
gestão científica 29, 101
Goffman, Erving 27, 146

Gowland, Rebecca 36

Grã-Bretanha/Reino Unido 35, 46, 51, 67, 72, 102-103, 108-109, 130, 158
  vitoriana 46, 57, 72

Grasseni, Cristina 78

Grécia antiga 14, 72, 94, 104

Greer, Germaine 53

Grosz, Elizabeth 37

Guerra ao terror 28, 106-107, 118

Hargreaves, Jennifer 57

Harvey, David 133

Hobbes, Thomas 49, 94, 95

Hochschild, Arlene 59

Hoeyer, Klaus 140

humanidades 9, 13, 21, 33

Huxley, Julian 103

identidade de si 27, 29, 30, 35, 155

Iluminismo 50

implantes neurais 13

Ingold, Tim 91

internet 34, 107, 110, 145, 148, 151

Islamismo 87, 112, 153, 157, 159

James, William 41

Jefferson, Thomas 128

Joseph, Jacques 14

Kant, Immanuel 141

Keynes, John Maynard 103

Laqueur, Thomas 47

Le Bon, Gustave 51

Levinas, Emmanuel 148

Locke, John 49

Lundin, Susanne 132

Mahmood, Saba 153

Marx, Karl 120, 137, 142

Mauss, Marcel 70, 73-74, 87

McRedmond, Penelope 134

Mead, George Herbert 41

medicina 17, 18, 39, 41, 78-81, 89, 105, 121, 131-132, 142, 150
  Cf. tb. corpo, governado; corpo, medicalizado

Merleau-Ponty, Maurice 16, 78
mídia social *ver* comunicação
mídia *ver* comunicação
Miller, Vince 11, 145, 147
Millett, Kate 53
modelo "um sexo/uma carne" 47-50, 53, 61

neurociência 39, 59, 114
neurônios-espelho 59
Newton, Esther 62
Nietzsche, Friedrich 16

Oakley, Anne 53
obesidade 13, 38, 91, 127
Organização Mundial da Saúde (OMS) 139
Oriente Médio 131, 136
Östman, Leif 76

pacientes em espera 115-116
panóptico 99-100, 106
performatividade 64
pesquisa em células-tronco 39
Platão 94

pornografia 23, 55, 111, 137
Primeira Guerra Mundial 73, 103
prostituição 23, 136-137

"raça" 22, 46, 107, 124
Rajan, Kaushik Sunder 115
reflexividade 18-19, 29, 88, 111, 150-155, 159
reforma prisional 99-100
religião 9, 77, 85, 91, 151-155
Roe, John 14
Rose, Nikolas 113, 117
Rousseau, Jean-Jacques 95

Sanal, Aslihan 141
Sanger, Margaret 103
saúde e bem-estar 13, 22-23, 25, 32, 35-36, 39, 46, 81, 98, 102-104, 112, 114-119, 127, 131-133, 139-140, 155-158
Scheper-Hughes, Nancy 130
Segunda Guerra Mundial 14, 103
sexo
desigualdades 21-23, 49-52, 55; Cf. tb. Corpo, sexuado

"diferenças" 43, 44-48, 52-54, 56, 59-61, 67
indústria 19, 121, 137
Shakespeare, Tom 116
Shelley, Louise 138
Smith, Adam 148
sociobiologia 45, 51-52, 61
sociologia 9, 33, 41
Stopes, Marie 103
Sudnow, David 77

taoismo 15
tatuagem 14, 22, 30, 31, 136
Taylor, Frederick Winslow 101
tecnologia 13, 17, 18, 22, 28, 32, 34-35, 42, 112-115, 118, 124, 144-147, 148, 160 *Cf. tb.* Biotecnologia; Comunicação
televisão de circuito fechado (CCTV) 108-109
terroristas 28, 106, 109, 118-119, 138, 159
tortura 96, 98, 99, 108, 149
trabalho corporal 123-124
trabalho forçado 19, 134-139
trabalho migrante 134-136

tráfico
de pessoas 19, 134-137
partes/órgãos do corpo 121, 130-132, 139
transgênero 64-65
transplante
cirurgia 18, 29, 126, 130
transtornos alimentares 58, 92
turismo médico 132
turismo/tráfico 130
Turner, Bryan S. 93-94, 110

Ucrânia 131, 137
União Europeia 110, 136

Venter, Craig 129
vida nua 104-105, 116, 119
vigilância 28, 94, 102, 106-113, 117
produtiva 99-101, 104 Cf. tb. Corpo, governado
violência 16, 23, 74, 94, 95, 98, 111, 134, 159
visão 35, 38, 69, 77-81, 84, 110
von Helmholtz, Hermann 101

Wacquant, Loïc 82-85
Waldby, Catherine 126
Watling, Tony 85, 86, 87
Willerslev, Rane 79-80

Conecte-se conosco:

facebook.com/editoravozes

@editoravozes

@editora_vozes

youtube.com/editoravozes

+55 24 2233-9033

www.vozes.com.br

Conheça nossas lojas:

www.livrariavozes.com.br

Belo Horizonte – Brasília – Campinas – Cuiabá – Curitiba
Fortaleza – Juiz de Fora – Petrópolis – Recife – São Paulo

EDITORA VOZES LTDA.
Rua Frei Luís, 100 – Centro – Cep 25689-900 – Petrópolis, RJ
Tel.: (24) 2233-9000 – E-mail: vendas@vozes.com.br